Backen ohne Zucker

Heike Erkelenz

Backen ohne Zucker

Kuchen, Torten und Gebäck

Auch bei Diabetes

Speziell zum Thema Diabetes sind im FALKEN Verlag folgende Titel erschienen:
Vollwertküche für Diabetiker (4473)
Kochen und Backen für Diabetiker (4467)
Diät bei Zuckerkrankheit (3206)
Diabetiker-Diät (0418)

Die Deutsche Bibliothek – CIP-Einheitsaufnahme

Erkelenz, Heike:
Backen ohne Zucker : Kuchen, Torten und Gebäck ;
auch bei Diabetes / Heike Erkelenz. –
Niedernhausen/Ts. : FALKEN, 1992
  (FALKEN Bücher) (FALKEN Bücherei)
  ISBN 3-8068-1234-9

ISBN 3 8068 1234 9

© 1992 by Falken-Verlag GmbH, 6272 Niedernhausen/Ts.
Titelfoto und Fotos: TLC-Foto-Studio GmbH, Velen-Ramsdorf
Titelbild: Aida-Torte, Rezept Seite 52, Gugelhupf, Rezept Seite 34, Vanillekipferl, Rezept Seite 75
Die Ratschläge in diesem Buch sind vom Autor und vom Verlag sorgfältig erwogen und geprüft, dennoch kann eine Garantie nicht übernommen werden. Eine Haftung des Autors bzw. des Verlags und seiner Beauftragten für Personen-, Sach- und Vermögensschäden ist ausgeschlossen.
Satz: Andreas Schmitt Dokumentation GmbH, Waldems
Druck: Wiesbadener Graphische Betriebe GmbH, Wiesbaden

817 2635 4453 6271

Inhalt

Ein Wort zuvor

Als mir klar wurde, daß ich aufgrund meiner Erkrankung künftig keinen Haushaltszucker mehr verwenden darf, fühlte ich mich zunächst etwas ratlos. Denn Kuchen und Süßes gehörten zu meinen Lieblingsspeisen. Ich begann also, nach Alternativen zu suchen. Eine bot sich mir in Form von Fruchtzucker.

Doch Backwaren mit Frucht- statt mit Rohrzucker, das bedeutete auch Probleme, die ich in den Griff bekommen mußte:

Fruchtzucker dient dem Kuchenteig kaum als Stabilisator, das heißt, das Backwerk erhält keinen Stand. Fruchtzucker zieht stark Feuchtigkeit an, Gebackenes wird also schnell klebrig. Außerdem bräunt Fruchtzucker wesentlich schneller, so daß Backwaren rasch dunkel werden.

Am Ende einer langen Reihe von Versuchen gelangte ich zu zwei Ergebnissen: Zum einen hatte ich viele leckere Backrezepte unter der Verwendung von Fruchtzucker erarbeitet, und zum anderen fand ich heraus, daß alles weniger süß viel besser schmeckte.

Wenn Sie nun mit dem Backen ohne Zucker beginnen, probieren Sie ein einfaches Rezept, wie einen Mürbeteigboden, aus. Dann wagen Sie sich an die schwierigeren Dinge wie Rührteig und Torten.

Und wenn dann doch einmal ein Kuchen nicht gelingt, verzweifeln Sie bitte nicht gleich, auch meine Backergebnisse waren am Anfang nicht immer optimal. Noch heute bedarf es oft einiger Versuche, bis ich eine neue Rezeptidee entwickelt habe. Man muß für das Backen mit Fruchtzucker erst ein Gefühl bekommen, das Rezept allein garantiert noch keinen Erfolg.

Ich glaube, daß die Anleitungen in diesem Buch eine gute Grundlage bieten, sich auch das »Leben ohne Zucker« etwas zu versüßen, und wünsche Ihnen beim Backen viel Erfolg.

Heike Erkelenz

Was Sie über Zucker wissen sollten

Vom »weißen Gold« zur Massenware

In unserem Land steht der reine Zucker keineswegs seit eh und je auf dem Speisezettel. Noch im 18. Jahrhundert war aus Zuckerrohr gewonnener Zucker eine Kostbarkeit aus Übersee und wurde als »weißes Gold« gehandelt. Der Pro-Kopf-Verbrauch lag seinerzeit bei etwa 25 Gramm im Jahr. Nachdem es Andreas Sigismund Marggraf im Jahre 1747 gelungen war, aus der heimischen Zuckerrübe Zucker zu isolieren, und im Zuge der Industrialisierung Fabriken zur Zuckergewinnung erbaut wurden, sank der Preis des Zuckers rapide. Die Folge war, daß dessen Konsum stetig anstieg. Zucker wurde für jedermann erschwinglich. Der Verbrauch liegt heute in Westdeutschland bei 36 Kilogramm pro Kopf und Jahr. Das ist im Mittel ein Tageskonsum von etwa 100 Gramm, den bestimmte Bevölkerungsgruppen, zum Beispiel Kinder, im Einzelfall um ein Vielfaches überschreiten. Etwa ein Drittel des Zuckers wird im Haushalt verwendet, die restlichen zwei Drittel stecken in den Produkten der Nahrungsmittelindustrie.

Isolierter Zucker – was ist das?

Dieser Begriff bezeichnet eine chemisch reine Substanz, die man zum Beispiel aus Zuckerrüben, Zuckerrohr oder Stärke gewinnt. Die isolierten Zucker werden zum größten Teil in kristalliner (Kristallzucker) oder pulverisierter (Puderzucker) Form angeboten und verwendet. Weitere bekannte Formen sind Kandis, Würfel-, Hagel- und Flüssigzucker sowie der Zuckerhut.

Das Gegenstück zum isolierten Zucker ist jener, der im natürlichen Verbund eines Lebensmittels vorkommt, zum Beispiel die natürliche Süße reifen Obstes, und der in dieser Verbindung zusammen mit einer Vielzahl anderer Nährstoffe gegessen wird. Der meistverwendete isolierte Zucker ist der Haushaltszucker. Er hat im Volksmund viele Namen, zum Beispiel Rübenzucker, Rohrzucker, raffinierter Zucker, weißer Zucker, Kristallzucker, Industriezucker, Kochzucker, Handelszucker oder einfach Zucker. Chemisch betrachtet handelt es sich um dieselbe Substanz – Saccharose, einen Zweifachzucker, der aus den Einfachzuckern Glucose und Fructose zusammengesetzt ist.

So beliebt der isolierte Zucker und die damit hergestellten süßen Produkte auch sein mögen, von seiten der Ernährungswissenschaft ist er einer scharfen Kritik ausgesetzt. Zucker, so wird bemängelt, sei ein »Kunstprodukt«, das anders als alle natürlichen Lebensmittel keinerlei lebensnotwendige Nährstoffe, zum Beispiel Vitamine, Mineralstoffe oder Balaststoffe, enthält. Isolierter Zucker liefert Energie pur und damit »leere Kalorien«. Nicht besser stehen Zuckerrübensirup und brauner Zucker da. Die Aussage, sie seien »natürlicher, gesünder und besser« als weißer Zucker, ist längst als Fehlurteil entlarvt, denn es handelt sich bei ihnen lediglich um Zwischenprodukte, die bei der Herstellung von Haushaltszucker anfallen und sich außer im Geschmack kaum von ihm unterscheiden.

Neben Rohr- und Rübenzucker werden in unseren Haushalten Frucht-, Trauben- und speziell für Säuglinge und Kleinkinder Milchzucker verwendet. Fruchtzucker (Fructose) wird nicht etwa aus Früchten isoliert, wie sein Name vermuten läßt, sondern von Rohrzucker abgespalten. Folglich ist er einwertig, besteht also aus einem Zuckerbaustein. Rohrzucker hingegen ist zweiwertig, also aus zwei Bausteinen zusammengesetzt. Traubenzucker ist reine Glucose, die durch Spaltung von Stärke hergestellt wird. Milchzucker gewinnt man aus der Molke der Milch. Alle diese Zucker sind ebenfalls isolierte Produkte, die im Körper anders abgebaut werden als Haushaltszucker. Auch sind sie unterschiedlich süß. Fruchtzucker ist der süßeste von allen.

Macht Zucker krank?

Die rasche Zunahme der sogenannten »Zivilisationskrankheiten« nach dem 2. Weltkrieg legt die Vermutung nahe, daß Veränderungen in unseren Eßgewohnheiten etwas mit dieser Entwicklung zu tun haben. Dies konnte in der Tat für einige Krankheiten belegt werden. Untersuchungen der letzten Jahre weisen darauf hin, daß auch der übermäßige Verzehr von isolierten Zuckern als Mitursache für ernährungsabhängige Krankheiten gesehen werden muß. Am eindeutigsten erwiesen scheint dies bei den Ursachen für die Volkskrankheit Nummer 1: Karies. 96 bis 100 Prozent der in den Industrienationen lebenden Menschen sind an der Zahnfäule erkrankt. Bereits Mitte der 70er Jahre warnte die Deutsche Gesellschaft für Ernährung (DGE) vor den Folgen des übermäßigen Verzehrs isolierter Zucker und stark zuckerhaltiger Nahrungsmittel. Es ist seit langem bekannt, daß Zucker sich im Mund unter Einwirkung von Bakterien zu Säuren zersetzt, die den Zahnschmelz angreifen. Zähneputzen allein ist noch kein ausreichender Schutz vor Karies. Vor allem dann nicht, wenn die Zähne nicht nach jeder Mahlzeit und nicht gründlich gereinigt werden. Es ist unerläßlich, auch den Zuckerkonsum einzuschränken. Das Problem muß an seiner Wurzel gepackt werden.

Eine andere negative Begleiterscheinung hohen Zuckerkonsums kennen viele aus eigener Erfahrung: das Übergewicht. Haushaltszucker, also

Saccharose, liefert zwar viele Kalorien, aber satt macht er nicht. Im Gegenteil: Saccharose wird schnell aus dem Darm in die Blutbahn aufgenommen, folglich steigt der Blutzuckerspiegel nach einer zuckerreichen Mahlzeit rasch an. Um ihn wieder auf das Normalmaß zu senken, reagiert der Körper mit einer hohen Ausschüttung von Insulin, dem blutzuckersenkenden Hormon. Beim gesunden Menschen bedingt das Insulin einen Blutzuckerabfall, indem es der Glucose ermöglicht, in die Zellen zu gelangen. Wird bei hoher Saccharoseaufnahme zuviel Insulin freigesetzt, fällt die Blutzuckerkonzentration unter den normalen Wert ab. Dies wiederum löst ein Hungergefühl aus, obwohl die Zellen ausreichend mit Zucker versorgt sind – der Teufelskreis schließt sich.

Ein hoher Zuckerkonsum belastet also unseren Stoffwechsel, aber noch eine unangenehme Folge tritt auf: Im Übermaß gegessener Zucker wird im Körper zu Fett umgewandelt, das sich als unerwünschtes »Polster« festsetzt. Auch beim Entstehen der Zuckerkrankheit (Diabetes mellitus) spielen Eßgewohnheiten eine Rolle. Wer über Jahre hinweg sehr viel Haushaltszucker zu sich nimmt und sich zudem körperlich nur ungenügend betätigt, der läuft – vor allem, wenn er erblich vorbelastet ist – Gefahr, an Diabetes zu erkranken. Hinzu kommt eine Vielzahl von Formen der Haushaltszuckerunverträglichkeit. Viele Menschen mit Magen-Darm- und Stoffwechselkrankheiten vertragen keine Saccharose.

Die Tatsache, daß Zucker keine lebensnotwendigen Stoffe enthält und ein übermäßiger Verzehr einen Risikofaktor für die Gesundheit darstellt, macht ihn für die Ernährung des Menschen entbehrlich. Namhafte Ernährungswissenschaftler erklären den isolierten Zucker heute sogar für wenig empfehlenswert. Jeder Mensch kann leben, ohne auch nur die geringste Menge Zucker in reiner Form zu sich zu nehmen.

Zucker, nein danke?

Es wäre falsch, wollte man versuchen, den Zucker ganz und gar aus der täglichen Ernährung zu verbannen. Der Mensch verbindet von Natur aus das Angenehme mit der Süße. Die Lösung des Zuckerproblems liegt vielmehr in der Umgewöhnung des Geschmacks. Die überhöhte Reizschwelle der Empfindung »süß« muß gesenkt werden. Hierbei haben unsere Jüngsten einen Vorteil. Babys und Kleinkinder erfahren im Laufe ihrer ersten Lebensjahre, was »süß« heißen kann. Geben Eltern, Großeltern, Tanten usw. ihnen die Chance, sich erst gar nicht an zuviel Süßes zu gewöhnen, sondern die natürliche Süße, zum Beispiel von Obst, als ausreichend zu empfinden, werden sie später keine Probleme mit einem übermäßigen Zuckerkonsum bekommen. Wir Erwachsenen haben es da schwerer. Wir müssen an uns arbeiten, Gewohntes hinterfragen und neue Verhaltensweisen einüben. Wenn wir genügend Nahrungsmittel mit einem vielseitigen Nährstoffangebot zu uns nehmen, zum Beispiel frisches Obst und Gemüse, ist gegen eine kleine Menge an Naschereien nichts einzuwenden. Essen Sie Süßes zu den Mahlzeiten und nicht zwischendurch. Desserts, Eis, Kuchen, Gebäck und Plätzchen sollten einen anderen Stellenwert bekommen, also nicht etwas Alltägliches, sondern etwas Besonderes für besondere Anlässe sein. Eine gute Idee ist es auch, auf zuckerhaltige Verzierungen zu verzichten. Dieses Buch bietet die Möglichkeit dazu, denn die Rezepte beinhalten nur entsprechende Verzierungsvorschläge.

Welche Alternativen gibt es zum Haushaltszucker?

Süßungsmittel wie Zuckerrübensirup, Malzextrakt, Ahornsirup, Fruchtdicksäfte und Honig enthalten Zucker in stark konzentrierter Form. Sie sind, wenn sie in gleichen Mengen verwendet werden wie der Haushaltszucker, keine empfehlenswerte Alternative. Nehmen Sie sie also nur in geringen Mengen und außerdem verdünnt zum Süßen der Speisen. Da auch Trockenfrüchte Zucker in konzentrierter Form enthalten, weichen Sie sie vor dem Verzehr ein.

Süßstoffe sind künstlich hergestellte Substanzen mit einer intensiven Süßkraft, die jene des Zuckers um das 10- bis mehr als das 500fache überschreitet. Im Rahmen einer gesunderhaltenden Ernährung sind sie abzulehnen, denn sie wirken dem Ziel, die Schwelle für die Geschmacksempfindung »süß« zu senken, entgegen. Zudem erzeugen sie einen unangenehmen Beigeschmack. Ferner ist nicht bekannt, ob ein regelmäßiger und langfristiger Konsum eventuell gesundheitliche Folgen hat.

Eine echte Alternative ist die natürliche Süßkraft von reifem Obst und einiger reifer Gemüsesorten der Saison. Sie entfaltet sich besonders, wenn die Lebensmittel zerkleinert oder gar püriert werden. So lassen sich Desserts, Eis, Quarkspeisen, Kuchen, Kleingebäck, Plätzchen, Brötchen und vieles mehr ausreichend süßen. Geringes Süßen hat noch einen Vorteil: Der Eigengeschmack der jeweiligen Speise kommt voll zur Geltung und wird nicht vom reinen Süßgeschmack überdeckt.

Sicher ist es ein langer Weg, bis Sie Ihr Süßempfinden auf das hier beschriebene Idealniveau gesenkt haben. Wer es ein wenig süßer mag und auf Haushaltszucker nicht verzichten möchte oder muß, findet in der Verwendung von Zuckeraustauschstoffen eine empfehlenswerte Alternative. Die im Rahmen der Diabetesdiät bekannt gewordenen Zuckeraustauschstoffe Sorbit, Mannit, Xylit und Fructose können in geringen Mengen verzehrt werden. Mehr als 40 bis 50 g pro Tag sollten es allerdings nicht sein, denn bei übermäßigem Genuß haben sie eine blähende und abführende Wirkung.

Für die Backrezepte in diesem Buch ist neben Obst, Fruchtsäften und

Trockenfrüchten der Fruchtzucker als Süßungsmittel ausgesucht worden. Er ist 1,2mal süßer als Haushaltszucker, folglich kommen Sie mit einer deutlich geringeren Menge aus, um eine vergleichbare Süße zu erhalten. Sind Sie zusätzlich bemüht, Ihre Reizschwelle für »süß« zu senken, können Sie Ihre Speisen mit ganz wenig Fruchtzucker ausreichend süßen. Fruchtzucker, Zucker allgemein, Honig, Sirup, Fruchtdicksäfte und Trockenobst sollten den Stellenwert eines Würzmittels haben, das heißt, in solchen kleinen Mengen Verwendung finden wie Gewürze. Fruchtzucker vertragen auch magen- und darmempfindliche oder -kranke Menschen meist gut. Zudem wird er langsamer als andere Zucker in die Blutbahn aufgenommen und insulinunabhängig verwertet. Er bedingt nur einen begrenzten Blutzuckerspiegelanstieg, da lediglich eine kleine Menge in Glucose umgewandelt wird, in die Form also, die im Blut meßbar ist. Das Risiko, an Diabetes mellitus und anderen Stoffwechselstörungen zu erkranken und/oder übergewichtig zu werden, ist geringer.

Zucker – nicht der einzige Übeltäter

Ebenso wie wir über die Zuckermengen in Kuchen, Gebäck und Plätzchen nachdenken, sollten wir das Mehl beachten, welches wir verwenden. Noch immer wird in unserem Land überwiegend weißes Auszugsmehl verzehrt.

Mit Beginn der Industrialisierung, die es ermöglichte, große Mengen Getreide innerhalb kurzer Zeit zu mahlen, stellte sich die Frage nach einer geeigneten Konservierung. Vollkornmehl ist nur kurze Zeit haltbar. Eine einfache Lösung war bald gefunden. Trennt man die Randschichten und den Keimling vom Getreidekorn ab und mahlt man nur den Mehlkörper, erhält man ein Weißmehl, das über einen langen Zeitraum hinweg aufbewahrt werden kann, ohne zu verderben. Der Umgang mit dem weißen Mehl ließ die Menschen bald die Erfahrung machen, daß das Backwerk lockerer war als früher unter der Verwendung von Vollkornmehl. Zudem schien das Mehl ohne den Kleieanteil geschmacksneutraler zu sein. Die Menschen schätzten die Eigenschaften und stellten sie als besondere Qualitätskriterien dar. Heute wissen wir, daß mit dem Abschälen der Randschichten und dem Abtrennen des Keimlings der größte Teil der Enzyme, Vitamine, Mineralstoffe, Eiweiße und Fette sowie die für unsere Verdauung wichtigen Ballaststoffe verlorengehen. Der Vitamin- und Mineralstoffgehalt wird zu 50 bis 90 Prozent vermindert. Wenn wir Weißmehl essen, nehmen wir also wesentlich weniger wichtige Nährstoffe auf als mit der gleichen Menge Vollkornmehl. Diese Tatsache kann sich besonders bei einem gleichzeitig hohen Zuckerkonsum nachteilig auswirken. Warum? Der Organismus benötigt zur Verstoffwechslung von Zucker Vitamine. Bei einem hohen Zuckerverzehr wird zum Beispiel viel Vitamin

B_1 verbraucht. Der Zucker selbst bringt keine Vitamine mit, und Auszugsmehl enthält im Vergleich zu Vollkornmehl nur sehr wenig Vitamine. Essen wir also viel Zucker ausschließlich in Verbindung mit Auszugsmehl, kann das eine optimale Vitaminaufnahme verhindern. Der Verzehr von Vollkornmehl zusammen mit wenig Zucker hingegen bedingt eine wesentlich bessere Vitaminversorgung. Die Mehlsorten werden nach ihrem Ausmahlungsgrad und den Mehltypen unterschieden. Der Ausmahlungsgrad gibt das prozentuale Gewicht des gemahlenen Mehls im Vergleich zur verwendeten Getreidemenge an. Er besagt also, wieviel Prozent der Randschichten bei der Verarbeitung abgetrennt wurden. Je höher ein Ausmahlungsgrad ist, desto mehr Randschichtenbestandteile enthält ein Mehl. Vollkornmehl wird zu 100 Prozent ausgemahlen. Die Mehltypenbezeichnung gibt den mittleren Mineralstoffgehalt einer Mehlsorte an. Vollkornmehl ist ein Mehl der Type 1700, was besagt, daß es 1700 Milligramm Mineralstoffe in 100 Gramm Mehltrockenmasse hat. Bei Weißmehl sind es in der gleichen Menge nur 405 Milligramm Mineralstoffe (Type 405).

Informationen für Diabetiker

In der Diät des Diabetikers sind Zweifachzucker, wie zum Beispiel die Saccharose, aber auch Einfachzucker, wie etwa die Glucose, nicht erwünscht beziehungsweise nicht erlaubt. Diese Zucker werden schnell vom Darm in die Blutbahn aufgenommen und führen rasch zu einem hohen Blutzuckerspiegel. Da der Diabetiker nicht in jedem Fall auf das Süßen seiner Speisen verzichten soll, muß er zu für ihn verträglichen Süßungsmitteln greifen. Eine Möglichkeit bieten ihm die Zuckeraustauschstoffe. In diese Gruppe gehört unter anderem auch der Fruchtzucker, um den es im vorliegenden Backbuch geht.

Die Rezepte in diesem Buch sind zum größten Teil für Diabetiker geeignet. Alle Backwaren, deren Portionen pro Person einen Wert von maximal zwei Broteinheiten, zum Beispiel für die Nachmittagsmahlzeit, nicht überschreiten, wurden herausgesucht und mit dem Symbol * gekennzeichnet. Beachten Sie bitte auf jeden Fall genau die Angaben, und prüfen Sie, welche Mengen sich mit Ihrer Diät vereinbaren lassen. Besonders Menschen mit dem Typ-1-Diabetes sollten auf das Symbol und die jeweilige Information unter den Rezepten achten, da bei ihnen selbst der Genuß von Fruchtzucker zu einem beträchtlichen Anstieg des Blutzuckerspiegels führen kann.

Alle Rezepte sind mit Angaben zu den BE (Broteinheiten) versehen. Diese beziehen sich auf jeweils ein Stück Tortenboden, Kuchen oder Torte, auf eine Scheibe Brot oder ein Stück Gebäck. Ist dies einmal nicht der Fall, so wird bei der entsprechenden Angabe darauf hingewiesen. Alle zusätzlich durch die Backwaren zugeführten BE müssen im Tagesplan berücksichtigt werden.

Als Berechnungsgrundlage für die BE-Werte in diesem Buch dienten neuere Broteinheitentabellen, was bedeutet, daß nur verwertbare Kohlenhydrate in die Berechnung einbezogen wurden.

Praktische Hinweise für das Backen

Die folgenden Tips und Tricks für das Backen mit Fruchtzucker resultieren aus meiner langjährigen Erfahrung. Sie sollen Ihnen helfen, aus den für Sie eventuell ungewohnten Zutaten wahre Leckerbissen zu zaubern, und dazu beitragen, daß alles gut gelingt. Im Vergleich zum Backen mit herkömmlichen Zutaten gibt es nämlich auch einige Unterschiede bei der Zusammenstellung der Zutaten, beim Zubereiten des Teiges und beim Backvorgang.

Alle Zutaten sollten möglichst frisch verarbeitet werden. Verwenden Sie, wenn es Ihnen möglich ist, Mehl und Nüsse stets frisch gemahlen. Nehmen Sie immer möglichst frisches, reifes Obst der Saison. Unreife Früchte schmecken fade oder gar sauer, sie »verlangen danach«, gesüßt zu werden. Das muß nicht sein. Das gleiche gilt für Obstsäfte.

Da der Fruchtzucker dem Teig im Gegensatz zum Haushaltszucker keinen Stand gibt, müssen Sie zu anderen Hilfsmitteln greifen. Aus diesem Grund sind der steifgeschlagene, locker untergehobene Eischnee, das mit einem groben Sieb durchgesiebte Mehl sowie das Backpulver und die Hefe von besonderer Wichtigkeit. Beim Backen mit Fruchtzucker muß der rohe Teig bereits extrem locker sein. Im Zweifelsfall rate ich Ihnen, etwas mehr Eischnee, Backpulver oder Hefe zu nehmen. Ebenfalls wichtig ist die Reihenfolge, in der Sie die Zutaten verrühren. So muß zum Beispiel beim Biskuit- und beim Rührteig die Hälfte des Eischnees stets erst am Schluß ganz vorsichtig untergehoben werden.

Die Backformen müssen gut mit Butter oder Margarine ausgefettet und mit Paniermehl ausgestreut sein oder sorgfältig mit Backpapier ausgelegt werden. Ist das Ausstreuen mit Paniermehl einmal nicht nötig, habe ich es im Rezept vermerkt. Den Backofen stets auf die angegebene Temperatur vorheizen. Es wird auf der mittleren Schiene gebacken. Sind die Backwaren bereits vor Ende der Backzeit ausreichend gebräunt, decken Sie sie mit Alufolie ab. Mit Fruchtzucker und Vollkornmehl Gebackenes wird generell etwas dunkler als herkömmliche Backwaren.

Da die Backofenthermostate nicht einheitlich arbeiten, empfehle ich Ihnen, im Zweifelsfall eine etwas niedrigere Temperatur zu wählen und die Zeit zum Backen entsprechend zu verlängern. Eine Nadelprobe zeigt an, ob das Backwerk gar ist. Bei Brot klopfen Sie mit dem Zeigefinger auf die Kruste: Klingt es hohl, ist das Brot fertig. Sie sollten den Kuchen nicht auf dem Blech oder in der Form auskühlen lassen,

sondern stürzen oder das Backwerk gleich nach dem Backen auf ein Kuchengitter setzen.
Der Fruchtzucker zieht stark Feuchtigkeit an und bindet sie, so daß der Kuchen klebrig wird. Aus diesem Grund lassen sich Backwaren mit Fruchtzuckeranteil nur schlecht einfrieren, Geschmack und Lockerheit gehen verloren. Wie auch für herkömmliche Backwaren gilt: je frischer, desto besser.
Verzierungen auf einem Kuchen stellen das Tüpfelchen auf dem i dar. Hierbei ist das Angebot der Reformhäuser an Fertigprodukten ohne Haushaltszucker nur sehr gering. Zudem sind die Produkte meist recht teuer. Viele Dekorationselemente wie Baisers, bunte Zuckerröschen oder -herzen, farbige Zuckerschriften usw. lassen sich aus Fruchtzucker auch gar nicht herstellen. Kandierte Früchte, Orangeat und Zitronat aus Fruchtdicksäften zubereitet, sind heute in Fachgeschäften erhältlich.
Anleitungen zum Herstellen von Glasuren, Kuvertüren, Marzipan und vielem mehr sind im letzten Kapitel des Buches zu finden.

Erläuterungen zu den Rezeptangaben

Die Mengenangaben in den Zutatenlisten beziehen sich auf küchenfertige Ware. Bei den angegebenen Backformen handelt es sich um folgende Größen:
- Kastenform – 22 cm lang
- Springform – 24 cm Durchmesser
- Kranzform – 24 cm Durchmesser
- Gugelhupfform – 24 cm Durchmesser
- Tortenbodenform – 26 cm Durchmesser
- Backblech – 38 x 32 cm

Die jeweils in Gramm (g) angegebenen Fruchtzuckermengen können Sie auch in Eßlöffeln abmessen: 20 g Fruchtzucker entsprechen etwa 1 Eßlöffel. Ich empfehle Ihnen, Ihre eigenen Eßlöffelmengen einmalig mit einer Diät- oder Briefwaage auszuwiegen, damit Ihre Mengen nicht allzu sehr von meinen abweichen.

Abkürzungen:

TL	=	Teelöffel
EL	=	Eßlöffel
P.	=	Päckchen
mg	=	Milligramm
g	=	Gramm
kg	=	Kilogramm
ml	=	Milliliter
l	=	Liter
cm	=	Zentimeter
geh.	=	gehäuft
ca.	=	circa
mind.	=	mindestens
cl	=	Zentiliter
°C	=	Grad Celsius
TK-...	=	Tiefkühl-...
kcal	=	Kilokalorien
BE	=	Broteinheiten
Chol.	=	Cholesterin

Farbtafel 1:
Rüblitorte
(Rezept Seite 33)
Blitzkuchen
(Rezept Seite 29)

Grundrezepte

Einfacher Mürbeteig *

200 g Weizenmehl Type 1050
1 TL Backpulver
40 g Fruchtzucker
1 Ei
80 g Margarine oder Butter

1. Das Mehl mit dem Backpulver mischen und auf eine Arbeitsfläche sieben. In die Mitte eine Mulde drücken. Den Fruchtzucker und das Ei hineingeben und die Margarine oder die Butter in Flöckchen auf dem Rand verteilen.
2. Alle Zutaten rasch zu einem geschmeidigen Teig verkneten. Diesen zu einer Kugel formen und mindestens 1 Stunde im Kühlschrank ruhen lassen.

Backvorschlag
Für 12 Stücke
Aus dem Grundteig können Sie einen *Tortenboden* * (Rezept S. 47) backen.

Farbtafel 2:
Großer Rollekuchen
(Rezept Seite 37)
Heidelbeer-Quark-Kuchen
(Rezept Seite 48)

Vollkornmürbeteig *

150 g Grahammehl Type 1700
50 g Weizenmehl Type 1050
1 geh. TL Backpulver
40 g Fruchtzucker
1 Ei
80 g Margarine oder Butter
ca. 75 ml Wasser

1. Das ganze Mehl mit dem Backpulver mischen und auf eine Arbeitsfläche sieben. In die Mitte eine Mulde drücken. Den Fruchtzucker und das Ei hineingeben und die Margarine oder die Butter in Flöckchen auf dem Rand verteilen.
2. Alle Zutaten unter Zugabe des Wassers rasch zu einem geschmeidigen Teig verkneten. Diesen zu einer Kugel formen und dann mindestens 1 Stunde im Kühlschrank ruhen lassen.

Backvorschlag
Für 12 Stück
Aus dem Grundteig lassen sich 12 *Torteletts* * backen. 12 ausgefettete, mit Paniermehl ausgestreute Tortelettformen mit dem Teig auslegen. Die Törtchen 15 bis 20 Minuten bei 175°C backen. Auf einem Gitter auskühlen lassen.

Ruhezeit: mind. 1 Std.
Backzeit: 15–20 Min.
pro Tortelett ohne Belag
ca. 121 kcal • 1 BE • 31 mg Chol.

Vollkorn-Birnen-Mürbeteig *

75 ml Wasser
½ mittelgroße Birne (ca. 80 g)
150 g Grahammehl Type 1700
50 g Weizenmehl Type 1050
1 geh. TL Backpulver
1 Ei
80 g Margarine oder Butter

1. Die Birnenhälfte kleinschneiden und in dem Wasser dünsten. Anschließend fein pürieren.
2. Das ganze Mehl mit dem Backpulver mischen, in eine Schüssel sieben und zusammen mit den übrigen Zutaten zu einem geschmeidigen Teig verarbeiten. Eine Kugel formen und sie etwa 1 Stunde im Kühlschrank ruhen lassen.

Backvorschlag
Für 12 Stücke
Aus dem Grundteig können Sie einen *Tortenboden* * backen. Eine ausgefettete, mit Paniermehl ausgestreute Tortenbodenform mit dem Teig auslegen. Den Boden 15 bis 20 Minuten bei 175°C backen. Auf einem Gitter auskühlen lassen.

Ruhezeit: ca. 1 Std.
Backzeit: 15–20 Min.
pro Stück Tortenboden ca. 111 kcal •
1 BE • 31 mg Chol.

Einfacher Hefeteig *

250 g Weizenmehl Type 1050
¾ Würfel Hefe
20 g Fruchtzucker
⅛ l Milch 1,5 % Fett
3 0 g Margarine oder Butter
1 Prise Salz
1 Ei
abgeriebene Schale von ½ unbehandelten Zitrone

1. Das Mehl in eine Schüssel sieben und in die Mitte eine Mulde drücken. Die Hefe hineinbröckeln und den Fruchtzucker darüberstreuen. Die Milch leicht erwärmen, in die Mulde gießen und so lange rühren, bis die Hefe sich aufgelöst hat.
2. Den Vorteig mit einem Tuch abdecken und an einem warmen Ort etwa ¼ Stunde gehen lassen.
3. Inzwischen die Margarine oder die Butter schmelzen lassen und mit etwas Salz, dem Ei sowie der Zitronenschale verrühren.
4. Zeigt der Vorteig Blasen, wird das Fettgemisch dazugegeben. Nun alles zu einem glatten Teig verarbeiten. Den Teig zugedeckt etwa ¼ Stunde an einem warmen Ort gehen lassen. Er sollte zu etwa doppeltem Volumen aufgehen.

Backvorschlag
Für 12 Stück
Aus dem Grundteig können Sie einen Hefezopf, einen Stuten, Plundergebäck oder auch gefüllte *Teigtaschen* * backen.
Für die gefüllten Hefeteilchen den Teig 1 cm dick zu einem Rechteck

ausrollen und 12 Quadrate ausschneiden. In die Mitte einer jeden Teigplatte einen Teelöffel Diabetikermarmelade geben. Die Teigränder mit Eiweiß bestreichen. Die Teigplatten diagonal zusammenklappen, so daß sich Dreiecke ergeben, und die Teigränder fest andrücken. Die Hefeteilchen auf ein gefettetes Backblech setzen und etwa ¼ Stunde gehen lassen. Dann bei 180° C etwa 20 Minuten backen. Auf ein Kuchengitter setzen und auskühlen lassen.

Zeit zum Gehen: ca. ¾ Std.
Backzeit: ca. 20 Min.
ca. 109 kcal • 1,5 BE • 31 mg Chol.

Feiner Hefeteig *

250 g Weizenmehl Type 1050
¼ Würfel Hefe
40 g Fruchtzucker
¼ l Milch 1,5 % Fett
40 g Margarine oder Butter
1 Prise Salz
1 Ei
1 Eigelb
Mark von ½ Vanilleschote
abgeriebene Schale von ½ unbehandelten Zitrone

1. Das Mehl in eine Schüssel sieben und in die Mitte eine Mulde drücken. Die Hefe hineinbröckeln und den Fruchtzucker darüberstreuen. Die Milch leicht erwärmen, in die Mulde gießen und so lange rühren, bis die Hefe sich aufgelöst hat.
2. Den Vorteig mit einem Tuch abdecken und an einem warmen Ort etwa ¼ Stunde gehen lassen.

3. Inzwischen die Margarine oder die Butter schmelzen lassen und mit etwas Salz, dem Ei, dem Eigelb, dem Vanillemark und der Zitronenschale verrühren.
4. Zeigt der Vorteig Blasen, wird das Fettgemisch dazugegeben. Nun alle Zutaten zu einem glatten Teig verarbeiten. Den Teig zugedeckt etwa ¼ Stunde an einem warmen Ort gehen lassen. Er sollte zu etwa doppeltem Volumen aufgehen.

Backvorschlag
Für 20 Stücke
Aus dem Grundteig können Sie jede Art von Hefegebäck machen. Er eignet sich besonders für einen Gugelhupf sowie für Obst- oder Streuselkuchen. Probieren Sie einmal einen *Mandelhefekuchen**. Den Teig auf einem gefetteten Backblech ausrollen. Etwa 100 g Mandelblättchen darüberstreuen und den Kuchen bei 180° C etwa 20 Minuten backen. Ihn in 20 Stücke schneiden und auf einem Gitter auskühlen lassen.

Zeit zum Gehen: ca. ½ Std.
Backzeit: ca. 20 Min.
ca. 107 kcal • 1 BE • 35 mg Chol.

Vollkornhefeteig *

150 g Grahammehl Type 1700

100 g Weizenmehl Type 1050

1 Würfel Hefe

60 g Fruchtzucker

75 ml Milch 1,5 % Fett

40 g Margarine oder Butter

1 Prise Salz

1 Ei

1 Eigelb

Mark von 1 Vanilleschote

abgeriebene Schale von ½ unbehandelten Zitrone

75 ml Wasser

1. Das Mehl mischen und in eine Schüssel sieben. In die Mitte eine Mulde drücken. Die Hefe hineinbröckeln und den Fruchtzucker darüberstreuen. Die Milch leicht erwärmen, in die Mulde gießen und so lange rühren, bis die Hefe sich aufgelöst hat.
2. Den Vorteig mit einem Tuch abdecken und an einem warmen Ort etwa ¼ Stunde gehen lassen.
3. Die Margarine oder die Butter cremig rühren. Salz, Ei, Eigelb, Vanillemark und Zitronenschale darunterrühren. Es soll eine schaumige Masse entstehen.
4. Sobald der Vorteig Blasen zeigt, werden die Schaummasse und das lauwarme Wasser dazugegeben. Nun alles zu einem geschmeidigen Teig verarbeiten. Der Teig darf nur sanft geknetet und nicht, wie bei Hefeteig üblich, stark geschlagen werden, da er sonst zäh wird. Den Teig zugedeckt mindestens ¼ Stunde an einem warmen Ort gehen lassen. Er sollte zu etwa doppeltem Volumen aufgehen.

Backvorschlag

Für 16 Stück

Aus dem Grundteig können Sie süße Brötchen backen.

Probieren Sie einmal *Müslibrötchen**.

100 g Bircher-Müsli-Mischung unter den Teig kneten, 16 Brötchen formen und auf ein gefettetes Backblech setzen. Sie an einem warmen Ort mindestens ¼ Stunde gehen lassen. Dann bei 175°C etwa 25 Minuten backen. Auf einem Gitter auskühlen lassen.

Zeit zum Gehen: mind. ¾ Std.
Backzeit: ca. 25 Min.
ca. 122 kcal • 1,5 BE • 44 mg Chol.

Quark-Öl-Teig *

150 g Magerquark
40 g Fruchtzucker
1 Prise Salz
Mark von 1 Vanilleschote
6 EL Öl
4 EL Milch 1,5 % Fett
300 g Weizenmehl Type 1050
1 geh. TL Backpulver

1. Den Quark mit Fruchtzucker, Salz, Vanillemark, Öl und Milch verrühren.
2. Das Mehl mit dem Backpulver mischen, zur Quarkmasse sieben und alles zügig zu einem geschmeidigen Teig verkneten. Nicht zu lange kneten, da der Teig sonst klebrig wird.

Backvorschlag
Für 16 Stücke
Aus dem Grundteig können Sie einen *Tortenboden** backen.
Eine ausgefettete Tortenbodenform mit dem Teig auslegen und den Boden bei 180° C etwa ¼ Stunde backen. Auf einem Gitter auskühlen lassen.
Mit der doppelten Teigmenge können Sie einen Blechkuchen backen.

Backzeit: ca. ¼ Std.
pro Stück Tortenboden ca. 114 kcal •
1 BE • 0,5 mg Chol.

Brandteig *

150 g Weizenmehl Type 1050
¼ l Wasser
40 g Butter
1 Prise Salz
3 Eier

1. Das Mehl durchsieben. Das Wasser zusammen mit der Butter und etwas Salz in einem Topf kurz aufkochen lassen.
2. Den Topf vom Herd nehmen, das Mehl in das Wasser einrühren und die Masse zügig zu einem glatten Teig verrühren.
3. Den Topf auf den Herd zurückstellen und den Teig bei geringer Hitzezufuhr so lange rühren, bis sich auf dem Topfboden ein weißer Belag bildet und der Teig sich zu einem Kloß formt.
4. Den Topf wieder von der Herdplatte nehmen und die Eier nacheinander unter den Teig rühren. Der Teig soll schwer reißend vom Löffel fallen.

Backvorschlag
Der Teig eignet sich prima zur Herstellung von *Backerbsen**. Bereiten Sie die halbe Menge des Teiges zu und füllen Sie sie in einen Spritzbeutel. Spritzen Sie erbsengroße Tupfen auf ein bemehltes Backblech. Die Backerbsen werden 5 bis 10 Minuten bei 200° C gebacken. Sie sollten goldgelb sein.

Backzeit: 5–10 Min.
pro 5 g Backerbsen ca. 15 kcal •
0,1 BE • 16 mg Chol.

Rührteig *

150 g Margarine
40 g Fruchtzucker
2 Eier
Mark von ½ Vanilleschote
1 Prise Salz
300 g Weizenmehl Type 1050
50 g Stärkemehl
1 geh. TL Backpulver
ca. ⅛ l Milch 1,5 % Fett
1 Eiweiß

1. Die Margarine cremig rühren. Den Fruchtzucker, die Eier, das Vanillemark und etwas Salz hinzugeben und alles gut verrühren.
2. Das Mehl mit dem Stärkemehl und dem Backpulver mischen und durchsieben. Dann zusammen mit der Milch unter die Fett-Zucker-Masse rühren. Es soll ein glatter Teig entstehen.
3. Das Eiweiß steif schlagen und unter den Teig heben.

Backvorschlag
Für 20 Stücke
Aus dem Grundteig können Sie einen *Teekuchen** backen.
1 Prise Zimt oder 3 cl Rum unter den Teig rühren, ihn in eine ausgefettete, mit Paniermehl ausgestreute Kastenform füllen und bei 175°C etwa 40 Minuten backen. Den fertigen Kuchen auf einem Gitter auskühlen lassen.

Backzeit: ca. 40 Min.
ca. 14 kcal • 1 BE • 37 mg Chol.

Vollkornrührteig *

150 g Margarine
60 g Fruchtzucker
1 Ei
1 Eigelb
Mark von 1 Vanilleschote
1 Prise Salz
250 g Grahammehl Type 1700
100 g Stärkemehl
2 TL Backpulver
⅛ l Milch 1,5 % Fett
2 Eiweiß

1. Die Margarine cremig rühren. Den Fruchtzucker, das Ei, das Eigelb, das Vanillemark sowie etwas Salz hinzufügen und alles gut verrühren.
2. Das Mehl mit dem Stärkemehl und dem Backpulver mischen und durchsieben. Zusammen mit der Milch unter die Fettmasse rühren. Es soll ein glatter Teig entstehen.
3. Die Eiweiße steif schlagen und unter den Teig heben.

Backvorschlag
Für 20 Stücke
Aus dem Grundteig können Sie einen *Vollkornsandkuchen** backen.
Den Teig in eine ausgefettete, mit Paniermehl ausgestreute Kastenform füllen und bei 175°C etwa 55 Minuten backen. Die Form in der zweiten Hälfte der Backzeit abdecken. Den fertigen Kuchen auf einem Gitter auskühlen lassen.

Backzeit: ca. 55 Min.
ca. 133 kcal • 1 BE • 36 mg Chol.

Biskuitteig *

2 Eigelb
3 EL warmes Wasser
30 g Fruchtzucker
50 g Weizenmehl Type 1050
25 g Stärkemehl
1 TL Backpulver
2 Eiweiß

1. Die Eigelbe mit dem warmen Wasser und dem Fruchtzucker in einer Schüssel verrühren. So lange weiterrühren, bis die Masse schaumig ist. **2.** Das Mehl mit dem Stärkemehl und dem Backpulver mischen. Die Eiweiße sehr steif schlagen; ein Messerschnitt sollte sichtbar bleiben. **3.** Die eine Hälfte der Mehlmischung auf die Eigelbschaummasse sieben und darunterheben. Vom Eischnee ebenfalls die Hälfte vorsichtig darunterheben. **4.** Die Reste der Mehlmischung und des Eischnees nacheinander unter die Masse heben.

Backvorschlag

Für 12 Stücke
Aus dem Grundteig können Sie einen *Tortenboden** backen.
Die Biskuitmasse in eine ausgefettete, mit Paniermehl ausgestreute Tortenbodenform füllen, glattstreichen und 10 bis 15 Minuten bei 175° C backen. Auf einem Gitter auskühlen lassen.

Backzeit: 10–15 Min.
ca. 45 kcal • 0,5 BE • 55 mg Chol.

Vollkornbiskuitteig *

1 Eigelb
4 EL warmes Wasser
30 g Fruchtzucker
50 g Grahammehl Type 1700
25 g Stärkemehl
1 geh. TL Backpulver
2 Eiweiß

1. Das Eigelb mit dem warmen Wasser und dem Fruchtzucker in einer Schüssel verrühren. So lange weiterrühren, bis die Masse schaumig ist. **2.** Das Mehl mit dem Stärkemehl und dem Backpulver mischen. Die Eiweiße sehr steif schlagen; ein Messerschnitt sollte sichtbar bleiben. **3.** Die eine Hälfte der Mehlmischung zur Eigelbschaummasse sieben und darunterheben. Vom Eischnee ebenfalls die Hälfte vorsichtig darunterheben. **4.** Die Reste der Mehlmischung und des Eischnees nacheinander unter die Masse heben.

Backvorschlag

Für 12 Stück
Aus dem Grundteig können Sie *Torteletts** backen.
Die Biskuitmasse in 12 ausgefettete, mit Paniermehl ausgestreute Tortelettformen verteilen und die Törtchen bei 175°C etwa ¼ Stunde backen. Sie dann auf einem Gitter auskühlen lassen.

Backzeit: ca. ¼ Std.
pro Tortelett ohne Belag ca. 40 kcal • 0,5 BE • 30 mg Chol.

Nußbiskuitteig *

2 Eigelb
1 Ei
80 g Fruchtzucker
Mark von 1 Vanilleschote
4 Eiweiß
50 g Stärkemehl
3 TL Backpulver
250 g gemahlene Mandeln ohne Schale oder Haselnüsse

1. Die Eigelbe mit dem Ei, dem Fruchtzucker und dem Vanillemark in einer Schüssel so lange rühren, bis die Masse schaumig ist. **2.** Die Eiweiße sehr steif schlagen; ein Messerschnitt sollte sichtbar bleiben. Das Stärkemehl mit dem Backpulver mischen. **3.** Die Stärkemischung zusammen mit der Hälfte der Mandeln oder der Nüsse vorsichtig unter die Eigelbschaummasse heben. Dann den Eischnee und zuletzt die restlichen Nüsse ebenfalls vorsichtig darunterheben.

Backvorschlag
Für 20 Stücke
Aus dem Grundteig können Sie einen *Nußkuchen** backen.
Die Nußbiskuitmasse in eine ausgefettete, mit Paniermehl ausgestreute Kastenform füllen und bei 175°C etwa ¾ Stunden backen. Die Form nach der halben Backzeit abdecken. Auf einem Gitter abgedeckt auskühlen lassen.

Backzeit: ca. ¾ Std.
ca. 119 kcal • 0,5 BE • 50 mg Chol.

Strudelteig *

300 g Weizenmehl Type 1050
2 EL Weizenkeim- oder Sonnenblumenöl
1 Ei
1 Prise Salz
ca. ⅛ l Wasser

1. Alle Zutaten in eine Schüssel geben und zu einem glatten, zähen Teig verarbeiten. Der Teig muß kräftig durchgeknetet werden, damit er geschmeidig wird. **2.** Den Teig zu einer Kugel formen, mit etwas Öl bestreichen und mindestens ½ Stunde ruhen lassen. Dabei die Teigkugel mit einem kleinen Topf bedecken, der zuvor mit heißem Wasser angewärmt wurde. **3.** Den Teig auf einem mit Mehl bestäubten Tuch so dünn wie möglich zu einem Rechteck ausrollen. Mit den Händen unter den Teig fahren und ihn über die Handrücken so dünn ausziehen, daß das Muster des Tuches gleichmäßig hindurchscheint.

Backvorschlag
Aus dem Grundteig können Sie einen *Apfel**- oder einen *Quarkstrudel* (Rezepte S. 68 und 69) backen.

Bunte Kuchen

Haselnußkuchen *

Für 16 Stücke

2 Eigelb
1 Ei
80 g Fruchtzucker
Mark von 1 Vanilleschote
4 Eiweiß
50 g Stärkemehl
3 TL Backpulver
250 g gemahlene Haselnüsse

1. Die Eigelbe mit dem Ei, dem Fruchtzucker und dem Vanillemark in einer Schüssel so lange rühren, bis die Masse schaumig ist.
2. Die Eiweiße sehr steif schlagen; ein Messerschnitt sollte sichtbar bleiben. Das Stärkemehl mit dem Backpulver mischen.
3. Die Stärkemischung zusammen mit der Hälfte der Haselnüsse vorsichtig unter die Eigelbmasse heben. Dann den Eischnee und zuletzt die restlichen Nüsse ebenfalls vorsichtig darunterheben.
4. Den Nußbiskuitteig in eine ausgefettete und mit Paniermehl ausgestreute Kastenform füllen. Den Kuchen bei 175°C etwa ¾ Stunden backen. Wenn der Kuchen zu schnell braun wird, ihn abdecken.
5. Den fertigen Kuchen zunächst 5 Minuten mit einem Tuch bedeckt in der Form ruhen lassen. Dann herausnehmen und auf einem Gitter auskühlen lassen.

Backzeit: ca. ¾ Std.
ca. 149 kcal • 1 BE • 62 mg Chol.

Verzierung
10 g Vollmilchkuvertüre entsprechend dem Rezept von Seite 84 herstellen und den Haselnußkuchen damit überziehen.
ca. 188 kcal • 1 BE

Mandelkuchen *

Für 16 Stücke

Für den Teig

2 Eigelb

1 Ei

80 g Fruchtzucker

Mark von 1 Vanilleschote

4 Eiweiß

50 g Stärkemehl

3 TL Backpulver

250 g gemahlene Mandeln

Für die Füllung

2 ½ EL Aprikosenmarmelade (Diätprodukt)

1. Die Eigelbe mit dem Ei, dem Fruchtzucker und dem Vanillemark in einer Schüssel verrühren. So lange weiterrühren, bis die Masse schaumig ist.

2. Die Eiweiße sehr steif schlagen; ein Messerschnitt sollte sichtbar bleiben. Das Stärkemehl mit dem Backpulver mischen.

3. Die Stärkemischung zusammen mit der Hälfte der Mandeln vorsichtig unter die Eigelbmasse heben. Dann den Eischnee und zuletzt die restlichen Mandeln darunterheben.

4. Den Mandelbiskuitteig in eine ausgefettete, mit Paniermehl ausgestreute Springform füllen. Den Kuchen bei 175°C etwa ¾ Stunden backen. Wenn der Kuchen zu schnell braun wird, ihn abdecken.

5. Den fertigen Kuchen zunächst 5 Minuten mit einem Tuch bedeckt in der Form ruhen lassen. Dann herausnehmen und auf einem Gitter auskühlen lassen.

6. Den Mandelkuchen mindestens 4 Stunden ruhen lassen, dann einmal quer durchschneiden. Den Boden mit der Hälfte der Marmelade bestreichen und den Kuchen wieder zusammensetzen.

Backzeit: ca. ¾ Std.
Ruhezeit: mind. 4 Std.
ca. 142 kcal • 1 BE • 62 mg Chol.

Verzierung

2 ½ Eßlöffel Aprikosenmarmelade (Diätprodukt) im Wasserbad leicht erwärmen, glattrühren und auf den Kuchen streichen. 50 g Mandelblättchen darüberstreuen.

ca. 175 kcal. • 1 BE

Blitzkuchen *

Für 24 Stücke

150 g Margarine
50 g Fruchtzucker
2 Eier
3 Eiweiß
Mark von ½ Vanilleschote
250 g Weizenmehl Type 1050
1 geh. TL Backpulver
ca. 100 ml Milch 1,5 % Fett

Für den Belag

50 g Mandelblättchen

1. Die Margarine mit Fruchtzucker, Eiern, Eiweißen und Vanillemark sehr schaumig rühren.
2. Das Mehl mit dem Backpulver mischen, zu der Fettmischung sieben, die Milch dazugießen und alles zu einem weichen Teig verrühren.
3. Den Teig auf ein gefettetes Backblech streichen und mit den Mandelblättchen bestreuen. Ihn bei 175°C etwa 20 Minuten backen.
4. Den heißen Kuchen in 24 Stücke schneiden und auf einem Gitter auskühlen lassen.

Backzeit: ca. 20 Min.
ca. 112 kcal • 1 BE • 31 mg Chol.

Verzierung

2 Teelöffel Fruchtzucker entsprechend der Anweisung von Seite 84 zu Puderzucker mahlen.
ca. 114 kcal • 1 BE

Schokoladenkuchen *

Für 20 Stücke

2 Eigelb
120 g Fruchtzucker
2 EL warmes Wasser
2 cl Rum
50 g Margarine oder Butter
6 Eiweiß
100 g Weizenmehl Type 1050
50 g Stärkemehl
50 g Kakao
2 TL Backpulver
¼ TL gemahlener Zimt
¼ TL gemahlene Nelken
1 Prise Salz
50 g gehackte Mandeln

1. Die Eigelbe mit dem Fruchtzucker, dem Wasser und dem Rum in einer Schüssel verrühren. So lange weiterrühren, bis die Masse schaumig ist. Die Margarine oder die Butter schmelzen lassen.
2. Die Eiweiße sehr steif schlagen. Das Mehl mit Stärkemehl, Kakao, Backpulver und Gewürzen mischen und alles durchsieben.
3. Die Hälfte des Eischnees unter die Eigelbmasse heben. Die Mehlmischung zusammen mit den Mandeln und dem restlichen Eischnee darunterheben. Zuletzt das flüssige, abgekühlte Fett unter den Teig rühren.
4. Den Teig in eine ausgefettete, mit Paniermehl ausgestreute Kastenform füllen. Den Kuchen bei 175°C etwa ¾ Stunden backen. Ihn in der zweiten Hälfte der Backzeit abdecken.

Backzeit: ca. ¾ Std.
ca. 102 kcal. • 1 BE • 33 mg Chol.

Marmorkuchen *

Für 20 Stücke

200 g Margarine oder Butter
Mark von 1 Vanilleschote
1 Prise Salz
100 g Fruchtzucker
4 Eier
500 g Weizenmehl Type 1050
3 TL Backpulver
1/8 l Milch 1,5 % Fett
35 g Kakao
40 g geriebene Zartbitterschokolade (Diätprodukt)
20 g Fruchtzucker
2 cl Rum
3 EL Milch 1,5 % Fett

1. Die Butter oder die Margarine cremig rühren. Vanillemark, Salz, Fruchtzucker sowie Eier hinzugeben und alles gut verrühren.
2. Das Mehl mit dem Backpulver mischen und durchsieben. Dann zusammen mit der Milch unter die Fett-Zucker-Masse rühren.
3. Ein Drittel des Teiges abnehmen und mit den übrigen Zutaten verrühren.
4. Ein Drittel des hellen Teiges in eine gut ausgefettete und mit Paniermehl ausgestreute Napfkuchenform füllen. Den dunklen Teig darauf verteilen. Schließlich den restlichen hellen Teig darauf geben und ihn glattstreichen. Einen Kochlöffelstiel in Kreisbewegungen durch die verschiedenen Teigschichten ziehen. So entsteht die typische Marmorierung.
5. Den Kuchen 80 bis 90 Minuten bei 160° C backen, ihn dabei nach der Hälfte der Backzeit abdecken.

6. Den fertigen Kuchen 5 Minuten zugedeckt in der Form ruhen lassen, dann zum Auskühlen auf ein Gitter stürzen.

Backzeit: 80–90 Min.
ca. 220 kcal • 2 BE • 74 mg Chol.

Aprikosensavarin *

Für 20 Stücke

Für den Teig

350 g Weizenmehl Type 1050 oder Grahammehl Type 1700
1 Würfel Hefe
1 Prise Fruchtzucker
gut 1/8 l Milch 1,5 % Fett
150 g Margarine oder Butter
4 Eier
Mark von 1 Vanilleschote
1 Prise Salz

Zum Tränken

3/8 l Aprikosensaft (Diätprodukt)
2 cl Aprikosengeist

1. Das Mehl in eine Schüssel sieben und in die Mitte eine Mulde drücken. Die Hefe hineinbröckeln und den Fruchtzucker darüberstreuen.
2. Die Milch leicht erwärmen, in die Mulde gießen und so lange rühren, bis die Hefe sich aufgelöst hat. Den Vorteig mit einem Tuch abdecken und an einem warmen Ort etwa 1/4 Stunde gehen lassen.
3. Inzwischen die Margarine oder die Butter schmelzen lassen. Die Eier schaumig rühren, das Vanillemark, etwas Salz sowie das Fett daruntermischen.

4. Zeigt der Vorteig Blasen, wird die Eischaummasse dazugegeben. Alle Zutaten zu einem glatten, fast flüssigen Teig verarbeiten. Ihn zugedeckt an einem warmen Ort ¼ Stunde gehen lassen.

5. Den Hefeteig in eine ausgefettete, mit Mehl ausgestäubte Savarin- oder Kranzform füllen und ihn zugedeckt an einem warmen Ort so lange gehen lassen, bis er fast an den Rand der Form heranreicht.

6. Nun den Kuchen bei 200° C etwa 40 Minuten backen. Den fertigen Savarin 5 Minuten abgedeckt in der Form ruhen lassen, dann zum Auskühlen auf ein Gitter stürzen.

7. Den Aprikosensaft und den Aprikosengeist mischen und kurz erhitzen. Den Savarin in einen entsprechend großen Topf setzen und mit der Saft-Alkohol-Mischung tränken.

Zeit zum Gehen: mind. ¾ Std.
Backzeit: ca. 40 Min.
ca. 148 kcal • 1 BE • 73 mg Chol.

Verzierung

200 g frische Aprikosen waschen, entsteinen, in Stücke schneiden und in den Savarinring füllen. Es können ebensogut Aprikosen aus dem Glas (Diätprodukt) verwendet werden.
ca. 158 kcal • 1,5 BE

Pfirsichsavarin *

Für 20 Stücke

Für den Teig

Zutaten wie beim Aprikosensavarin
(Rezept Seite 30)

Zum Tränken

¼ l Pfirsichsaft (Diätprodukt)
⅛ l Weißwein

1. Einen Savarinring entsprechend der Zubereitungsanweisung für den Aprikosensavarin (S. 30) backen.

2. Den Pfirsichsaft und den Weißwein mischen und kurz erhitzen. Dann den Savarin in einen entsprechend großen Topf setzen und mit der Saft-Wein-Mischung tränken.

Zeit zum Gehen: mind. ¾ Std.
Backzeit: ca. 40 Min.
ca. 148 kcal • 1 BE • 73 mg Chol.

Verzierung

200 g frische Pfirsiche waschen, entsteinen, in Stücke schneiden und in den Savarinring füllen. Es können ebensogut Pfirsiche aus dem Glas (Diätprodukt) verwendet werden.
ca. 151 kcal • 1 BE

Himbeersavarin *

Für 20 Stücke

Für den Teig

Zutaten wie beim Aprikosensavarin
(Rezept S. 30)

Zum Tränken

¼ l Wasser

100 g Fruchtzucker

4 cl Himbeergeist

1. Einen Savarinring entsprechend der Zubereitungsanweisung für den Aprikosensavarin (Seite 30) backen. **2.** Das Wasser mit dem Fruchtzucker und dem Himbeergeist mischen und kurz erhitzen. Den Savarin in einen entsprechend großen Topf setzen und mit der Zucker-Wasser-Alkohol-Mischung tränken.

Zeit zum Gehen: mind. ¾ Std.
Backzeit: ca. 40 Min.
ca. 162 kcal • 1,5 BE • 73 mg Chol.

Verzierung

200 g frische Himbeeren verlesen, waschen, abtropfen lassen und in den Savarinring füllen. Es können ebensogut tiefgekühlte Himbeeren verwendet werden.
ca. 165 kcal • 1,5 BE

Rumsavarin *

Für 20 Stücke

Für den Teig

Zutaten wie beim Aprikosensavarin
(Rezept Seite 30)

Zum Tränken

⅛ l Wasser

⅛ l Weißwein

80 g Fruchtzucker

4 cl Rum

1. Einen Savarinring entsprechend der Zubereitungsanweisung für den Aprikosensavarin (Seite 30) backen. **2.** Das Wasser mit dem Weißwein, dem Fruchtzucker und dem Rum mischen und kurz erhitzen. **3.** Den Savarin in einen entsprechend großen Topf setzen und mit der Rummischung tränken.

Zeit zum Gehen: mind. ¾ Std.
Backzeit: ca. 40 Min.
ca. 157 kcal • 1,5 BE • 73 mg Chol.

Rüblitorte *

Für 16 Stücke

3 Eigelb
3 EL warmes Wasser
130 g Fruchtzucker
1 Prise Salz
1 Prise gemahlener Zimt
1 Prise gemahlene Nelken
2 cl Kirschwasser
50 g Vollkornzwieback (Diätprodukt)
120 g geriebene Haselnüsse
120 g geschälte geriebene Mandeln
50 g Weizenmehl Type 1050
2 geh. TL Backpulver
180 g Möhren
8 Eiweiß

1. Die Eigelbe mit Wasser, Fruchtzucker, Salz, Zimt, Nelken und Kirschwasser in einer Schüssel verrühren. So lange weiterrühren, bis die Masse schaumig ist.
2. Den Vollkornzwieback fein mahlen und mit Haselnüssen, Mandeln, Mehl und Backpulver mischen. Die Möhren putzen, waschen und fein reiben. Die Eiweiße sehr steif schlagen; ein Messerschnitt sollte sichtbar bleiben.
3. Die Hälfte des Eischnees unter die Eigelbmasse heben. Dann die Nuß-Mehl-Mischung und die geriebenen Möhren darunterheben. Zum Schluß vorsichtig den restlichen Eischnee unter die Masse heben.
4. Den Teig in eine ausgefettete, mit Paniermehl ausgestreute Springform füllen. Den Kuchen bei 175° C etwa ¾ Stunden backen. Abgedeckt auf einem Gitter auskühlen lassen.
5. Den erkalteten Kuchen gut verpacken und mindestens zwei Tage ruhen lassen. Dann erst entfaltet sich das Aroma der Gewürze.

Backzeit: ca. ¾ Std.
ca. 174 kcal • 1 BE • 62 mg Chol.

Verzierung

50 g Fruchtzuckerglasur entsprechend dem Rezept von Seite 84 herstellen und die Rüblitorte damit bestreichen. 16 Marzipanmöhren laut der Anweisung von Seite 85 herstellen und auf der Torte verteilen.
ca. 223 kcal • 1,5 BE

Gugelhupf *

Für 18 Stücke

250 g Weizenmehl Type 1050
1 Würfel Hefe
40 g Fruchtzucker
⅛ l Milch 1,5 % Fett
80 g Margarine oder Butter
1 Prise Salz
1 Prise Zimt
1 Ei
1 Eigelb
Mark von ½ Vanilleschote
abgeriebene Schalen von ½ unbehandelten Zitrone und Orange
150 g gemischtes Trockenobst

1. Das Mehl in eine Schüssel sieben und in die Mitte eine Mulde drücken. Die Hefe hineinbröckeln und den Fruchtzucker darüberstreuen.
2. Die Milch leicht erwärmen, in die Mulde gießen und so lange rühren, bis die Hefe sich aufgelöst hat. Den Vorteig mit einem Tuch abdecken und ihn an einem warmen Ort etwa ¼ Stunde gehen lassen.
3. Inzwischen die Margarine oder die Butter schmelzen lassen und mit Salz, Zimt, Ei, Eigelb und Vanillemark sowie mit der Zitronen- und Orangenschale mischen.
4. Zeigt der Vorteig Blasen, wird die Fettmischung dazugegeben. Alle Zutaten zu einem glatten Teig verarbeiten. Den Teig gut zugedeckt etwa ¼ Stunde an einem warmen Ort gehen lassen.
5. Das Trockenobst in kleine Würfel schneiden, in den Teig einarbeiten und diesen in eine ausgefettete, mit Paniermehl ausgestreute Napfku-

chenform geben. Den Hefeteig zugedeckt an einem warmen Ort so lange gehen lassen, bis er bis auf 2 cm an den Rand der Form heranreicht.
6. Den Gugelhupf bei 175° C etwa ¾ Stunden backen, auf ein Gitter stürzen und auskühlen lassen.

Zeit zum Gehen: mind. ¾ Std.
Backzeit: ca. ¾ Std.
ca. 125 kcal • 1,5 BE • 39 mg Chol.

Variation
Tauschen Sie das Trockenobst gegen 50 g Rosinen und 50 g geriebene Mandeln aus.

Farbtafel 3:
Holländische Kirschtorte
(Rezept Seite 51)
Aprikosenkuchen vom Blech
(Rezept Seite 42)

Großer Rollekuchen

Für 16 Stücke

500 g Weizenmehl Type 1050 oder
Grahammehl Type 1700
1 Würfel Hefe
60 g Fruchtzucker
¼ l Milch 1,5 % Fett
120 g Margarine
200 g Rosinen
2 cl Rum
2 TL gemahlener Zimt
60 g gemahlene Mandeln

1. Das Mehl in eine Schüssel sieben und in die Mitte eine Mulde drücken. Die Hefe hineinbröckeln und 1 Eßlöffel Fruchtzucker darüberstreuen.
2. Die Milch leicht erwärmen, in die Mulde gießen und so lange rühren, bis die Hefe sich aufgelöst hat. Den Vorteig mit einem Tuch abdecken und ihn an einem warmen Ort etwa ¼ Stunde gehen lassen.
3. Die Margarine schmelzen lassen. 80 g Rosinen mit Rum übergießen.

4. Zeigt der Vorteig Blasen, wird das Fett dazugegeben. Alle Zutaten zu einem glatten Teig verarbeiten. Den Teig zugedeckt an einem warmen Ort etwa ¼ Stunde gehen lassen. Ihn anschließend zu einem etwa 2 cm dicken Rechteck ausrollen.
5. Die restliche Margarine zerlassen und die Teigplatte damit bestreichen. Den Fruchtzucker, den Zimt und die Mandeln darüberstreuen. Die Rosinen darauf verteilen.
6. Den Teig in etwa 5 cm breite Streifen schneiden. Diese Teigstreifen einzeln zu Schnecken zusammenrollen und diese in eine ausgefettete, mit Paniermehl ausgestreute Springform setzen, so daß sich das typische Rollenmuster ergibt. Die ganze Kuchenform muß ausgefüllt sein.
7. Den Rollekuchen zugedeckt an einem warmen Ort so lange gehen lassen, bis er bis an den Rand der Form reicht. Bei 200°C etwa 40 Minuten backen. Wird der Kuchen zu schnell braun, ihn abdecken.
8. Den fertigen Kuchen etwa 5 Minuten in der Form ruhen lassen. Dann aus der Form lösen und auf einem Gitter auskühlen lassen.

Zeit zum Gehen: mind. ¾ Std.
Backzeit: ca. 40 Min.
ca. 224 kcal • 2,5 BE • 1 mg Chol.

Verzierung
Den Kuchen gleich nach dem Backen mit 2 Eßlöffeln Aprikosenmarmelade (Diätprodukt) bestreichen.
ca. 229 kcal • 2,5 BE

Farbtafel 4:
Charlotte Royal
(Rezept Seite 67)
St.-Honoré-Torte
(Rezept Seite 66)

Nußzopf *

Für 18 Stücke

Für den Teig

300 g Grahammehl Type 1700
200 g Weizenmehl Type 1050
1 ½ Würfel Hefe
100 g Fruchtzucker
⅛ l Milch 1,5 % Fett
80 g Margarine oder Butter
1 Prise Salz
2 Eier
1 Eigelb
Mark von 1 Vanilleschote
⅛ l warmes Wasser

Für die Füllung

100 g Honigmarzipan (Rezept S. 84)
100 g gemahlene Haselnüsse
2 EL Rum

1. Das ganze Mehl mischen und in eine Schüssel sieben. In die Mitte eine Mulde drücken. Die Hefe hineinbröckeln und den Fruchtzucker darüberstreuen.
2. Die Milch leicht erwärmen, in die Mulde gießen und so lange rühren, bis sich die Hefe aufgelöst hat. Den Vorteig mit einem Tuch abdecken und ihn an einem warmen Ort etwa ¼ Stunde gehen lassen.
3. Die Margarine oder die Butter cremig rühren und mit Salz, Eiern, Eigelb und Vanillemark verrühren.
4. Zeigt der Vorteig Blasen, werden die Fett-Ei-Masse und das warme Wasser dazugegeben. Alle Zutaten zu einem geschmeidigen Teig verarbeiten. Den Teig nicht schlagen, da er sonst zäh wird. Ihn ¼ Stunde an einem warmen Ort gehen lassen.

5. Inzwischen 100 g Honigmarzipan herstellen. Es mit den Haselnüssen, dem Rum und nach Bedarf mit dem Wasser cremig rühren. Den Hefeteig zu einem Rechteck von 40 x 50 cm ausrollen. Die Nußmasse darauf streichen und die Teigplatte quer zusammenrollen.
6. Die Teigrolle mit einem scharfen Messer der Länge nach halbieren und die beiden Hälften zu einem Zopf verdrehen. Den Nußzopf auf ein gefettetes Backblech legen, ihn zudecken und so lange gehen lassen, bis sich sein Volumen verdoppelt hat.
7. Den Zopf bei 175°C etwa 40 Minuten backen, auf einem Gitter auskühlen lassen.

Zeit zum Gehen: mind. ¾ Std.
Backzeit: ca. 40 Min.
ca. 231 kcal • 2 BE • 59 mg Chol.

Verzierung

40 g Fruchtzuckerglasur entsprechend dem Rezept von Seite 84 herstellen und den noch warmen Zopf damit bestreichen.
ca. 242 kcal • 2 BE

Mandelzopf *

Für 18 Stücke

Für den Teig

500 g Weizenmehl Type 1050
1 ½ Würfel Hefe
40 g Fruchtzucker
¼ l Milch 1,5 % Fett
60 g Margarine oder Butter
1 Prise Salz
2 Eier
abgeriebene Schale von 1 unbehandelten
Zitrone

Für die Füllung

200 g Honigmarzipan (Rezept S. 85)
2 cl Rum
2 EL Aprikosenmarmelade (Diätprodukt)

1. Das Mehl in eine Schüssel sieben und in die Mitte eine Mulde drücken. Die Hefe hineinbröckeln und den Fruchtzucker darüberstreuen.
2. Die Milch leicht erwärmen, in die Mulde gießen und so lange rühren, bis die Hefe sich aufgelöst hat. Den Vorteig mit einem Tuch zudecken und ihn an einem warmen Ort etwa ¼ Stunde gehen lassen.
3. Inzwischen die Margarine oder die Butter schmelzen lassen und mit etwas Salz, den Eiern sowie der Zitronenschale verrühren.
4. Zeigt der Vorteig Blasen, wird die Fettmischung dazugegeben. Alle Zutaten zu einem glatten Teig verarbeiten. Ihn zugedeckt ¼ Stunde an einem warmen Ort gehen lassen.
5. Inzwischen 200 g Honigmarzipan herstellen. Es zusammen mit dem Rum und der Marmelade so lange rühren, bis die Masse cremig ist.

6. Den Hefeteig in zwei Hälften teilen. Die eine Hälfte zu einer Teigrolle mit etwa 3 cm Durchmesser formen. Die andere zu einem 1 cm dicken Rechteck ausrollen. Die Längsseite des Rechtecks muß der Länge der Teigrolle entsprechen.
7. Die Marzipanmasse auf die Teigplatte streichen und diese quer zusammenrollen. Die beiden Teigrollen nebeneinanderlegen, zu einem Zopf verdrehen und diesen auf ein gefettetes Backblech legen. Den Kuchen zudecken und so lange gehen lassen, bis sich sein Volumen etwa verdoppelt hat.
8. Den Mandelzopf bei 175° C etwa 40 Minuten backen. Auf einem Gitter auskühlen lassen.

Zeit zum Gehen: mind. ¾ Std.
Backzeit: ca. 40 Min.
ca. 210 kcal • 2 BE • 41 g Chol.

Verzierung

40 g Fruchtzuckerglasur entsprechend dem Rezept von Seite 84 herstellen und den handwarmen Zopf damit bestreichen.
ca. 221 kcal • 2 BE

Quarkzopf *

Für 18 Stücke

Für den Teig

500 g Weizenmehl Type 1050

1 Würfel Hefe

40 g Fruchtzucker

¼ l Milch 1,5 % Fett

60 g Margarine oder Butter

1 Prise Salz

2 Eier

abgeriebene Schale von ½ unbehandelten Zitrone

Mark von 1 Vanilleschote

Für die Füllung

500 g Magerquark

1 Ei

40 g Fruchtzucker

abgeriebene Schale von ½ unbehandelten Zitrone

50 g Rosinen

1. Das Mehl in eine Schüssel sieben und in die Mitte eine Mulde drücken. Die Hefe hineinbröckeln und den Fruchtzucker darüberstreuen.
2. Die Milch leicht erwärmen, in die Mulde gießen und so lange rühren, bis die Hefe sich aufgelöst hat. Den Vorteig mit einem Tuch abdecken und an einem warmen Ort etwa ¼ Stunde gehen lassen.
3. Inzwischen die Margarine oder die Butter schmelzen lassen und mit Salz, Eiern, Zitronenschale und Vanillemark verrühren.
4. Zeigt der Vorteig Blasen, wird die Fettmischung dazugegeben. Alle Zutaten zu einem glatten Teig verarbeiten. Den Teig zugedeckt etwa ¼ Stunde an einem warmen Ort

gehen lassen. Er sollte etwa zu doppeltem Volumen aufgehen.
5. Den Quark zusammen mit Ei, Fruchtzucker, Zitronenschale und Rosinen glattrühren. Den Hefeteig zu einem Rechteck von 60 x 40 cm ausrollen und die Quarkmasse darauf streichen. Die Teigplatte quer zusammenrollen.
6. Die Teigrolle mit einem scharfen Messer der Länge nach halbieren und die beiden Hälften zu einem Zopf verdrehen. Den Quarkzopf auf ein gefettetes Backblech legen, ihn zudecken und so lange gehen lassen, bis sein Volumen sich verdoppelt hat.
7. Nun den Kuchen bei 175° C etwa 40 Minuten backen, auf ein Gitter legen und auskühlen lassen.

Zeit zum Gehen: mind. ¾ Std.
Backzeit: ca. 40 Min.
ca. 186 kcal • 2 BE • 62 mg Chol.

Obstkuchen

Apfelkuchen vom Blech *

Für 24 Stücke

Für den Teig

300 g Grahammehl Type 1700

100 g Weizenmehl Type 1050

2 geh. TL Backpulver

80 g Fruchtzucker

2 Eier

150 g Margarine oder Butter

ca. 150 ml Wasser

Für den Belag

1,5 kg Äpfel

50 g Rosinen

2 TL Zimt

1. Die Mehlsorten mit dem Backpulver mischen und in eine Schüssel sieben. In die Mitte eine Mulde drücken. Den Fruchtzucker und die Eier hineingeben. Die Margarine oder die Butter in Flöckchen auf dem Rand verteilen.

2. Langsam das Wasser dazugeben und alle Zutaten zu einem geschmeidigen Teig verkneten. Eine Kugel daraus formen und sie dann mindestens 1 Stunde im Kühlschrank ruhen lassen.

3. Den Teig auf einem gefetteten, mit Paniermehl bestreuten Backblech ausrollen, Die Äpfel waschen, schälen, vierteln, das Kerngehäuse herausschneiden und die Äpfel in Spalten schneiden. Diese auf den Teig legen und den Zimt darüberstreuen.

4. Den Apfelkuchen bei 175° C etwa 25 Minuten backen. Den Kuchen noch heiß in 24 Stücke schneiden und sie zum Auskühlen auf ein Gitter legen.

Ruhezeit: mind. 1 Std.

Backzeit: ca. 25 Min.

ca. 157 kcal • 2 BE • 61 mg Chol.

Aprikosenkuchen vom Blech *

Für 24 Stücke

Für den Teig

150 g Magerquark
40 g Fruchtzucker
1 Prise Salz
Mark von 1 Vanilleschote
6 EL Öl
4 EL Milch 1,5 % Fett
300 g Weizenmehl Type 1050
1 geh. TL Backpulver

Für den Belag

500 g Magerquark
75 g Fruchtzucker
1 Ei
⅛ l Milch 1,5 % Fett
1 P. Vanillepuddingpulver (Diätprodukt)
750 g Aprikosen im Glas (Diätprodukt)
100 g Mandelblättchen

1. Den Quark mit Fruchtzucker, Salz, Vanillemark, Öl und Milch verrühren.
2. Das Mehl mit dem Backpulver mischen, zur Quarkmasse sieben und alles rasch zu einem geschmeidigen Teig verkneten. Nicht zu lange kneten, da der Teig sonst klebrig wird. Den Teig auf einem gefetteten Backblech ausrollen.
3. Den Quark mit Fruchtzucker, Ei, Milch und Puddingpulver glattrühren und die Masse auf die Teigplatte streichen. Die Aprikosen darauf verteilen und die Mandeln darüberstreuen.
4. Nun den Kuchen bei 175°C etwa 35 Minuten backen. Ihn noch heiß in 24 Stücke schneiden.

Backzeit: ca. 35 Min.
ca. 156 kcal. • 2 BE • 16 mg Chol.

Aprikosenkuchen *

Für 16 Stücke

Für den Teig

150 g Margarine
2 Eier
Mark von ½ Vanilleschote
1 Prise Salz
300 g Weizenmehl Type 1050
50 g Stärkemehl
1 geh. TL Backpulver
2 cl Apricot Brandy
gut ⅛ l Aprikosensaft (Diätprodukt)
1 Eiweiß

Für den Belag

500 g Aprikosen im Glas (Diätprodukt)
¼ l Aprikosensaft (Diätprodukt)
1 P. Tortengußpulver

1. Die Margarine cremig rühren. Die Eier, das Vanillemark und etwas Salz darunterrühren. Es soll eine schaumige Masse entstehen.
2. Das Mehl mit dem Stärkemehl mischen und durchsieben. Diese Mischung zusammen mit dem Apricot Brandy und dem Aprikosensaft unter die Fettmasse rühren. Es soll ein glatter Teig entstehen.
3. Das Eiweiß steif schlagen und unter den Teig heben. Den Teig in eine ausgefettete, mit Paniermehl ausgestreute Springform füllen und den Kuchen bei 160°C etwa 40 Minuten backen. Ihn danach mit einem Tuch zugedeckt auf einem Gitter auskühlen lassen.

4. Die abgetropften Aprikosen auf den Kuchen legen. Das Tortenguß- pulver in den Aprikosensaft ein- streuen, glattrühren und die Flüssig- keit kurz aufkochen lassen. An- schließend den Tortenguß auf dem Kuchen verteilen.

Backzeit: ca. 40 Min.
ca. 179 kcal • 2 BE • 46 mg Chol.

Apfelkuchen

Für 12 Stücke

Für den Teig
300 g Weizenmehl Type 1050
1 geh. TL Backpulver
80 g Margarine oder Butter
1 Prise Salz
¼ l Milch 1,5 % Fett

Für die Füllung
1,5 kg Äpfel
1 EL Zitronensaft
Mark von 1 Vanilleschote
1 TL Zimt
50 g Rosinen
2 EL Paniermehl

1. Das Mehl mit dem Backpulver mischen und in eine Schüssel sieben. Margarine oder Butter, etwas Salz und Milch dazugeben und alles zu einem glatten Teig verkneten.
2. Die Äpfel waschen, schälen, vier- teln, das Kerngehäuse entfernen und die Äpfel grob raspeln. Die Raspel in einem Topf kurz aufkochen lassen und Zitronensaft, Vanillemark, Zimt und Rosinen daruntermischen.
3. Dann drei Viertel des Teiges mit bemehlten Händen in eine ausgefet- tete, mit Paniermehl ausgestreute Springform drücken. Den Teigboden mit dem Paniermehl bestreuen. Dar- auf die Apfelfüllung geben. Den rest- lichen Teig ebenfalls mit bemehlten Händen zu langen, 1,5 cm breiten Teigstreifen formen und damit ein Gitter auf den Kuchen legen.
4. Den Apfelkuchen bei 180° C etwa 40 Minuten backen. Wenn der Kuchen zu schnell braun wird, ihn abdecken. Anschließend die Form auf ein Gitter stellen und den Spring- formrand abnehmen. Der Kuchen wird erst vom Boden der Backform gelöst, wenn er fast kalt ist, und dann wieder auf das Gitter gesetzt.

Backzeit: ca. 40 Min.
ca. 170 kcal • 2,5 BE • 1 mg Chol.

Pflaumenstreusel

Für 16 Stücke

Für den Teig

200 g Weizenmehl Type 1050

1 TL Backpulver

40 g Fruchtzucker

1 Ei

80 g Margarine oder Butter

Für die Streusel

200 g Weizenmehl Type 1050

150 g Butter

60 g Fruchtzucker

1 Eigelb

Für den Belag

1,5 kg Pflaumen

2 TL Zimt

1. Das Mehl mit dem Backpulver mischen und auf eine Arbeitsfläche sieben. In die Mitte eine Mulde drücken. Den Fruchtzucker und das Ei hineingeben, die Margarine oder die Butter in Flöckchen auf dem Rand verteilen.
2. Alle Zutaten rasch zu einem geschmeidigen Teig verkneten. Eine Kugel formen und sie mindestens 1 Stunde im Kühlschrank ruhen lassen. Inzwischen die Pflaumen waschen, aufschneiden und entsteinen.
3. Für die Streusel das Mehl, die Butter, den Fruchtzucker und das Eigelb auf ein Brett geben und mit den Händen zu groben Streuseln verkneten.

4. Den Teig ausrollen und eine ausgefettete, mit Paniermehl ausgestreute Springform damit auskleiden. Die Pflaumen kreisförmig auf dem Teigboden verteilen und mit dem Zimt bestäuben. Die Streusel auf dem Kuchen verteilen.
5. Den Pflaumenstreuselkuchen bei 175° C etwa 40 Minuten backen. Auf einem Gitter auskühlen lassen.

Ruhezeit: mind. 1 Std.
Backzeit: ca. 40 Min.
ca. 209 kcal • 2,5 BE • 55 mg Chol.

Birnen-Quark-Kuchen *

Für 12 Stücke

Für den Teig

½ mittelgroße Birne (ca. 80 g)

150 g Grahammehl Type 1700

50 g Weizenmehl Type 1050

1 geh. TL Backpulver

1 Ei

80 g Margarine oder Butter

ca. 75 ml Birnensaft

Für den Belag

8 Blatt weiße Gelatine

500 g Birnen

1 kg Magerquark

4 cl Birnengeist

50 g Fruchtzucker

Saft von ½ Zitrone

¼ l Birnensaft

1. Die halbe Birne kleinschneiden und in wenig Wasser dünsten. Anschließend fein pürieren. Die Mehlsorten mit dem Backpulver mischen und zusammen mit dem Birnenpüree, dem Ei und der Margarine oder der Butter in eine Schüssel geben.
2. Alles unter langsamer Zugabe des Birnensaftes zu einem geschmeidigen Teig verkneten. Eine Kugel formen und sie mindestens 1 Stunde im Kühlschrank ruhen lassen.
3. Den Teig ausrollen und eine ausgefettete, mit Paniermehl ausgestreute Springform damit auskleiden. Der Rand sollte gut 2 cm hoch sein. Einen entsprechend breiten Streifen Alufolie zurechtschneiden und an den Teigrand drücken.

4. Den Boden mit einer Gabel mehrmals einstechen und bei 175°C etwa 25 Minuten backen. Anschließend sofort die Alufolie entfernen, den Kuchen auf einem Gitter auskühlen lassen.
5. Inzwischen die Gelatine in kaltem Wasser quellen lassen. Die Birnen waschen, schälen, halbieren und die Kerngehäuse entfernen. Die Birnenhälften in wenig Wasser dünsten. Sie sollten noch bißfest sein.
6. Den Quark mit dem Birnengeist, dem Fruchtzucker und dem Zitronensaft glattrühren. Die Gelatine gut ausdrücken, in dem erwärmten Birnensaft auflösen und unter die Quarkmasse rühren.
7. Sobald die Masse steif zu werden beginnt, die Hälfte der Birnen auf den Kuchenboden legen und die Quarkmasse darüberstreichen. Es soll eine Kuppel entstehen. Die restlichen Birnenhälften so in die Quarkmasse drücken, daß sie eine Sternform ergeben. Den Birnen-Quark-Kuchen kalt stellen.

Ruhezeit: ca. 1 Std.
Backzeit: ca. 25 Min.
ca. 222 kcal • 2 BE • 32 mg Chol.

Verzierung

Krokant entsprechend dem Rezept auf Seite 86 herstellen und 50 g davon über den Kuchen streuen.
ca. 246 kcal • 2 BE

Rhabarberkuchen *

Für 16 Stücke

Für den Teig

150 g Grahammehl Type 1700
50 g Weizenmehl Type 1050
1 geh. TL Backpulver
40 g Fruchtzucker
1 Ei
80 g Margarine oder Butter
ca. 75 ml Wasser

Für die Füllung

1,5 kg roter Rhabarber
ca. 100 g Fruchtzucker
1 TL Butter
6 Blatt weiße Gelatine
2 Eiweiß

1. Das ganze Mehl mit dem Backpulver mischen und zusammen mit dem Fruchtzucker, dem Ei und der Margarine oder der Butter in eine Schüssel geben. Alles unter langsamer Zugabe des Wassers zu einem geschmeidigen Teig verkneten. Eine Kugel formen und 1 Stunde im Kühlschrank ruhen lassen.
2. Den Teig ausrollen und eine ausgefettete und mit Paniermehl ausgestreute Springform damit auskleiden. Der Teigrand sollte gut 2 cm hoch sein. Einen entsprechend breiten Alustreifen zurechtschneiden und an den Teigrand drücken.
3. Den Boden mit einer Gabel mehrmals einstechen und etwa ¼ Stunde backen. Anschließend sofort die Alufolie entfernen, den Kuchen auf einem Gitter auskühlen lassen.
4. Während der Kuchen im Ofen ist, den Rhabarber waschen, putzen und

in Stücke schneiden. Diese etwa 2 bis 3 Minuten blanchieren. In einem Topf den Fruchtzucker mit der Butter schmelzen lassen und leicht karamelisieren. Den Rhabarber dazugeben und ihn etwa 5 Minuten unter ständigem Rühren garen. Von der Kochstelle nehmen.
5. Die Gelatine in kaltem Wasser quellen lassen. Die Eiweiße steif schlagen. Die gequollene Gelatine gut ausdrücken und unter den heißen Rhabarber rühren. Wenn die Rhabarbermasse beginnt, fest zu werden, den Eischnee darunterheben. Diese Masse auf den Mürbeteigboden geben, glattstreichen und den Kuchen so lange kalt stellen, bis sie fest ist.

Ruhezeit: ca. 1 Std.
Backzeit: ca. ¼ Std.
ca. 135 kcal. • 1,5 BE • 25 mg Chol.

Tortenboden mit Obst *

Für 12 Stücke

Für den Teig

200 g Weizenmehl Type 1050

1 TL Backpulver

40 g Fruchtzucker

1 Ei

80 g Margarine oder Butter

Für den Belag

ca. 750 g gemischtes Obst (frisch oder ein
Diätprodukt aus dem Glas)

1 P. Tortengußpulver klar

¼ l Fruchtsaft (Diätprodukt)

VARIATION

Sie können den Tortenboden
auch mit dem Grundrezept für
einen Vollkornmürbeteig oder
einen Vollkorn-Birnen-Mürbe-
teig backen.
Streichen Sie zur Abwechslung
mal einen Vanillepudding oder
eine Quarkcreme unter das
Obst. Verwenden Sie bei der
Zubereitung Fruchtzucker.

1. Das Mehl mit dem Backpulver
mischen und auf eine Arbeitsfläche
sieben. In die Mitte eine Mulde
drücken. Den Fruchtzucker und das
Ei hineingeben, das Fett in Flöckchen
auf dem Rand verteilen.
2. Alle Zutaten rasch zu einem
geschmeidigen Teig verkneten. Eine
Kugel formen und sie dann mindestens 1 Stunde im Kühlschrank ruhen
lassen.
3. Den Teig ausrollen und eine ausgefettete Tortenbodenform damit
auslegen. Den Tortenboden mit einer
Gabel einstechen und 10 bis 15 Minuten bei 175° C backen. Auf einem Gitter auskühlen lassen.
4. Den Tortenboden mit Obst belegen. Das Tortengußpulver in den
Fruchtsaft einstreuen, glattrühren
und alles aufkochen lassen. Den Tortenguß auf dem Obst verteilen.

Ruhezeit: mind. 1 Std.
Backzeit: ca. 10–15 Min.
ca. 158 kcal • 2 BE • 31 mg Chol.

Heidelbeer-Quark-Kuchen *

Für 16 Stücke

Für den Teig
150 g Magerquark
40 g Fruchtzucker
1 Prise Salz
abgeriebene Schale von ½ unbehandelten Zitrone
6 EL Öl
4 EL Milch 1,5 % Fett
300 g Weizenmehl Type 1050
1 geh. TL Backpulver

Für die Füllung
12 Blatt weiße Gelatine
1 kg Magerquark
Saft von 1 Zitrone
150 g Fruchtzucker
1 Eigelb
¼ l Milch 1,5 % Fett
750 g Heidelbeeren im Glas (Diätprodukt)

1. Den Quark mit Fruchtzucker, Salz, Zitronenschale, Öl und Milch verrühren.
2. Das Mehl mit dem Backpulver mischen, zur Quarkmasse sieben und alles rasch zu einem geschmeidigen Teig verkneten. Nicht zu lange kneten, da er sonst klebrig wird.
3. Die Hälfte des Teiges in eine ausgefettete Springform geben und mit bemehlten Händen glattstreichen. Den Boden bei 180° C etwa 15 Minuten backen. Die zweite Teighälfte auch zu einem solchen Boden backen. Einen der Böden noch heiß in 16 Stücke schneiden, sie auf ein Gitter setzen und auskühlen lassen.
4. Während der erste Boden im Ofen ist, die Gelatine in kaltem Wasser quellen lassen. Den Quark mit Zitronensaft, Fruchtzucker, Eigelb und Milch glattrühren. Sechs Blatt der gequollenen Gelatine in einem kleinen Topf unter leichtem Erwärmen auflösen und unter die Quarkmasse rühren.
5. Von den Heidelbeeren etwas Saft abnehmen, ihn leicht erwärmen, die restliche Gelatine darin auflösen und die Flüssigkeit unter die Heidelbeeren rühren.
6. Sobald die Quark- und die Heidelbeermasse beginnen, fest zu werden, den ungeschnittenen Boden in eine mit Pergamentpapier ausgekleidete Springform hineinlegen. Darauf abwechselnd etwas von dem Quark und von den Heidelbeeren geben. Jede Schicht sollte etwa 2 cm hoch sein.
7. Den geschnittenen Boden auf den Kuchen legen. Den Kuchen so lange kalt stellen, bis die Masse fest ist.

Backzeit pro Boden: ca. 15 Min.
ca. 170 kcal • 2 BE • 22 mg Chol.

Verzierung
40 g Fruchtzuckerglasur entsprechend dem Rezept auf Seite 84 zubereiten und etwas Zitronenschalenaroma darunterrühren. Den Kuchendeckel damit überziehen.
ca. 182 kcal • 2 BE

Heidelbeer-Vanille-Kuchen *

Für 16 Stücke

Für den Teig

3 Eigelb
5 EL warmes Wasser
40 g Fruchtzucker
75 g Weizenmehl Type 1050
40 g Stärkemehl
1 geh. TL Backpulver
3 Eiweiß

Für die Füllung

4 Blatt weiße Gelatine
½ l Milch 1,5 % Fett
40 g Fruchtzucker
1 P. Vanillepuddingpulver (Diätprodukt)
500 g Heidelbeeren im Glas (Diätprodukt)

1. Die Eigelbe mit dem Wasser und dem Fruchtzucker in einer Schüssel verrühren. So lange weiterrühren, bis die Masse schaumig ist.
2. Das Mehl mit dem Stärkemehl und dem Backpulver mischen und durchsieben. Die Eiweiße sehr steif schlagen; ein Messerschnitt sollte sichtbar bleiben.
3. Abwechselnd die Mehlmischung und den Eischnee portionsweise vorsichtig unter die Eigelbmasse heben.
4. Dann zwei Drittel des Teiges in eine ausgefettete, mit Paniermehl ausgestreute Springform füllen und glattstreichen. Den Boden bei 175°C etwa 10 Minuten backen, aus der Form nehmen und auf einem Gitter auskühlen lassen.
5. Den restlichen Teig in zwei 2 cm breite und knapp 38 cm lange Streifen auf ein gefettetes, mit Paniermehl bestreutes Backblech streichen. Sie bei 175°C etwa 10 Minuten backen. Die heißen Teigstreifen auf ein Tuch gleiten lassen, sofort darin einrollen und so auskühlen lassen. Die Gelatine in kaltem Wasser quellen lassen.
6. Aus der Milch, dem Fruchtzucker und dem Puddingpulver entsprechend der Packungsanweisung einen Pudding kochen. Den Biskuitboden in eine mit Pergamentpapier ausgekleidete Springform legen. Ihn dünn mit etwas heißem Pudding bestreichen. Die Teigstreifen als Kuchenrand auf den Biskuitboden stellen. Den restlichen Pudding einfüllen.
7. Etwas Saft von den Heidelbeeren abnehmen und ihn leicht erwärmen. Die Gelatine ausdrücken, darin auflösen, die Flüssigkeit unter die Heidelbeeren rühren, diese Masse auf den Pudding geben und glattstreichen. Die Torte so lange kalt stellen, bis sie fest ist.

Backzeit pro Boden: 10–15 Min.
ca. 97 kcal • 1,5 BE • 63 mg Chol.

Verzierung

100 g Mandelblättchen über den Kuchen streuen.

ca. 134 kcal • 1,5 BE

Käse-Pfirsich-Kuchen *

Für 16 Stücke

Für den Teig
200 g Weizenmehl Type 1050
1 TL Backpulver
40 g Fruchtzucker
1 Ei
80 g Margarine oder Butter

Für den Belag
250 g Magerquark
200 g Schmand
80 g Fruchtzucker
3 Eigelb
1 P. Vanillepuddingpulver (Diätprodukt)
3 Eiweiß
2 EL Paniermehl
500 g Pfirsiche im Glas (Diätprodukt)

1. Das Mehl mit dem Backpulver mischen und auf eine Arbeitsfläche sieben. In die Mitte eine Mulde drücken. Den Fruchtzucker und das Ei hineingeben. Die Margarine oder die Butter in Flöckchen auf dem Rand verteilen.
2. Alle Zutaten rasch zu einem geschmeidigen Teig verkneten. Eine Kugel formen und sie dann mindestens 1 Stunde im Kühlschrank ruhen lassen.
3. Inzwischen den Quark zusammen mit Schmand, Fruchtzucker, Eigelben und Puddingpulver cremig rühren. Die Eiweiße steif schlagen und unter die Quarkmasse heben. Die Pfirsiche abtropfen lassen.
4. Den Teig ausrollen und eine ausgefettete, mit Paniermehl ausgestreute Springform damit auskleiden. Den Teigboden mit dem Paniermehl bestreuen. Die Pfirsiche darauf legen, die Quarkmasse darübergeben und glattstreichen.
5. Den Käse-Pfirsich-Kuchen bei 160°C etwa 35 Minuten backen. Wird der Kuchen zu schnell braun, ihn abdecken. Den Kuchen aus dem Ofen nehmen, mit einem Tuch abdecken und 5 Minuten ruhen lassen. Dann aus der Form nehmen und auskühlen lassen.

Ruhezeit: mind. 1 Std.
Backzeit: ca. 35 Min.
ca. 176 kcal • 1,5 BE • 95 mg Chol.

Holländische Kirschtorte

Für 16 Stücke

Für den Teig

150 g Weizenmehl Type 1050

1 TL Backpulver

20 g Fruchtzucker

1 kleines Ei

40 g Margarine oder Butter

Für den Belag

1 l Milch 1,5 % Fett

20 g Fruchtzucker

Mark von ½ Vanilleschote

1 Prise Salz

250 g Milchreis

500 g Sauerkirschen im Glas (Diät-produkt)

40 g Stärkemehl

1. Das Mehl mit dem Backpulver mischen und auf eine Arbeitsfläche sieben. In die Mitte eine Mulde drücken. Den Fruchtzucker und das Ei hineingeben. Die Margarine oder die Butter in Flöckchen auf dem Rand verteilen.
2. Alle Zutaten rasch zu einem geschmeidigen Teig verkneten. Eine Kugel formen und sie etwa 1 Stunde im Kühlschrank ruhen lassen.
3. Den Teig auf dem gefetteten Boden einer Springform ausrollen und bei 175°C 10 bis 15 Minuten backen. Den Mürbeteigboden auf einem Gitter auskühlen lassen.
4. Die Milch in einen großen Topf geben und aufkochen lassen. Frucht-zucker, Vanillemark, Salz und Reis zur Milch geben und alles unter Rühren etwa 1 Minute kochen. Den Milchreis auf kleiner Flamme minde-stens 30 Minuten quellen lassen. Die Masse zwischendurch ständig um-rühren. Es soll ein fester Milchreis entstehen.
5. Den Mürbeteigboden in einen mit einem Pergamentpapierstreifen aus-gekleideten Springformrand legen, den warmen Milchreis darauf geben und glattstreichen.
6. Von den Kirschen etwas Saft ab-nehmen und das Stärkemehl darin an-rühren. Die Kirschen kurz aufkochen lassen und mit der Stärkemehl-Saft-Mischung andicken. Diese Kirsch-masse auf den Milchreis streichen. Den Kuchen so lange kalt stellen, bis er fest ist.

Ruhezeit: ca. 1 Stunde
Backzeit: 10-15 Min.
ca. 170 kcal • 2,5 BE • 26 mg Chol.

Verzierung

50 g Mandelblättchen auf der Torte verteilen.
ca. 189 kcal • 2,5 BE

Aida-Torte *

Für 16 Stücke

Für den Teig
2 Eigelb
1 Ei
80 g Fruchtzucker
Mark von 1 Vanilleschote
4 Eiweiß
50 g Stärkemehl
3 TL Backpulver
250 g gemahlene Mandeln

Für die Füllung
100 g Honigmarzipan (Rezept S. 85)
50 g Aprikosenmarmelade (Diätprodukt)
2 cl Aprikosengeist
2 EL Wasser

Für den Belag
ca. 250 g gemischtes Obst
¼ l Obstsaft (Diätprodukt)
1 P. Tortengußpulver klar

1. Die Eigelbe mit dem Ei, dem Fruchtzucker und dem Vanillemark in einer Schüssel verrühren. Alles so lange weiterrühren, bis die Masse schaumig ist.
2. Die Eiweiße sehr steif schlagen; ein Messerschnitt sollte sichtbar bleiben. Das Stärkemehl mit dem Backpulver mischen und durchsieben.
3. Die Stärkemischung zusammen mit der Hälfte der gemahlenen Mandeln unter die Eigelbmasse heben. Dann den Eischnee und zuletzt die restlichen Mandeln vorsichtig darunterheben.
4. Den Teig in eine ausgefettete, mit Paniermehl ausgestreute Form füllen. Den Boden bei 175° C etwa 45 Minu-

ten backen. Wird der Kuchen zu schnell braun, ihn abdecken. Auf einem Gitter auskühlen lassen. Den Boden mindestens 2 Stunden ruhen lassen und anschließend in drei etwa gleich dicke Böden schneiden.
5. Das Honigmarzipan herstellen. Es mit der Marmelade, dem Aprikosengeist und dem Wasser glattrühren. Den untersten Boden mit der Hälfte der Marzipanmasse dünn bestreichen, einen zweiten Boden darauf setzen und leicht andrücken. Diesen mit der restlichen Marzipanmasse bestreichen, den dritten Boden darauf setzen und ebenfalls leicht andrücken.
6. Das Obst waschen und je nach Sorte vorbereiten. Den Kuchen damit belegen. Das Tortengußpulver in den Obstsaft einstreuen, glattrühren und die Flüssigkeit kurz aufkochen lassen. Den Tortenguß auf dem Obst verteilen.

Backzeit: ca. 45 Min.
Ruhezeit: mind. 2 Std.
ca. 202 kcal • 1,5 BE • 62 mg Chol.

Farbtafel 5:
Herrentorte
(Rezept Seite 60)
Zitronentorte
(Rezept Seite 65)

Torten

Krokanttorte *

Für 16 Stücke

Für den Teig

2 Eigelb

8 EL warmes Wasser

60 g Fruchtzucker

4 Eiweiß

100 g Grahammehl Type 1700

50 g Stärkemehl

2 geh. TL Backpulver

Für die Füllung

4 Blatt weiße Gelatine

200 g Krokant (Rezept S. 86)

750 g Magerquark

80 g Fruchtzucker

Mark von ½ Vanilleschote

200 g Sahne

1. Die Eigelbe mit dem Wasser und dem Fruchtzucker in einer Schüssel verrühren. So lange weiterrühren, bis die Masse schaumig ist.
2. Die Eiweiße sehr steif schlagen; ein Messerschnitt sollte sichtbar bleiben. Das Mehl mit dem Stärkemehl und dem Backpulver mischen und durchsieben.

Farbtafel 6:
Stollen Dresdener Art
(Rezept Seite 74)
Apfelstrudel
(Rezept Seite 68)

3. Abwechselnd die Mehlmischung und den Eischnee portionsweise vorsichtig unter die Eigelbmasse heben.
4. Die Hälfte des Teiges in eine ausgefettete, mit Paniermehl ausgestreute Springform füllen. Bei 160° C etwa ¼ Stunde backen und auf einem Gitter auskühlen lassen. Den restlichen Teig ebenso zu einem Boden backen.
5. Die Gelatine in kaltem Wasser quellen lassen. Dann 200 g Krokant herstellen.
6. Den Quark mit dem Fruchtzucker, dem Vanillemark und dem Krokant verrühren. Die Gelatine gut ausdrücken, in einem kleinen Topf unter leichtem Erwärmen auflösen und unter die Quarkmasse rühren. Die Sahne steif schlagen. Wenn die Quarkmasse beginnt, fest zu werden, die Sahne darunterheben.
7. Ein Drittel der Quarkmasse auf einen der Biskuitböden geben und glattstreichen. Den zweiten Boden darauf setzen. Die Torte mit der restlichen Quarkmasse bestreichen.
Backzeit: ca. ¼ Std.
ca. 224 kcal • 2 BE • 61 mg Chol.

Verzierung
16 Krokantecken entsprechend dem Rezept von Seite 86 herstellen und sie ringsherum auf die Torte setzen.
ca. 296 kcal • 2 BE

Frankfurter Kranz *

Für 18 Stücke

Für den Teig

150 g Margarine
40 g Fruchtzucker
2 Eier
Mark von ½ Vanilleschote
1 Prise Salz
300 g Weizenmehl Type 1050
50 g Stärkemehl
1 geh. TL Backpulver
ca. ⅛ l Milch 1,5 % Fett
1 Eiweiß

Für die Füllung

½ l Milch 1,5 % Fett
1 Prise Salz
40 g Fruchtzucker
1 P. Vanillepuddingpulver (Diätprodukt)
1 walnußgroßes Stück Biskin
200 g weiche Butter

1. Die Margarine cremig rühren. Den Fruchtzucker, die Eier, das Vanillemark und etwas Salz hinzugeben und alles gut verrühren.
2. Das Mehl mit dem Stärkemehl mischen und durchsieben. Diese Mischung zusammen mit der Milch unter die Fett-Zucker-Masse rühren. Es soll ein glatter Teig entstehen.
3. Das Eiweiß steif schlagen und unter den Teig heben.
4. Den Teig in eine ausgefettete, mit Paniermehl ausgestreute Kranzform füllen und bei 175° C etwa 40 Minuten backen. Den Kuchen nach der halben Backzeit abdecken. Den Kranz aus der Form lösen, auf ein Gitter legen und mit einem Tuch bedeckt abkühlen lassen.

5. Für die Buttercreme von der Milch, etwas Salz, dem Fruchtzucker und dem Puddingpulver entsprechend der Packungsanweisung einen Pudding kochen. In den heißen Pudding das Biskin einrühren und die Masse abkühlen lassen.
6. Die Buttercreme wird erst dann fertiggestellt, wenn Butter und Pudding die gleiche Temperatur haben. Die Butter cremig rühren und den Pudding eßlöffelweise langsam darunterrühren.
7. Den Rührteigkranz zweimal quer so durchschneiden, daß man drei etwa gleich hohe Kranzstücke erhält. Ein Drittel der Buttercreme auf das untere Kranzstück geben und glattstreichen. Das passende Kranzstück darauf setzen, leicht andrücken, ein weiteres Drittel der Creme darauf verteilen und glattstreichen. Das letzte Kranzstück darauf setzen und leicht andrücken. Den ganzen Kranz gleichmäßig mit der restlichen Buttercreme bestreichen.

Backzeit: ca. 40 Min.
ca. 271 kcal • 2 BE • 71 mg Chol.

Verzierung
150 g Krokant entsprechend dem Rezept von Seite 86 herstellen und dann den Frankfurter Kranz damit bestreuen.
ca. 318 kcal • 2 BE

Mokkatorte *

Für 16 Stücke

Für den Teig

2 Eigelb	
1 Ei	
80 g Fruchtzucker	
Mark von 1 Vanilleschote	
4 Eiweiß	
50 g Stärkemehl	
3 TL Backpulver	
250 g gemahlene Haselnüsse	

Für die Füllung

½ l Milch 1,5 % Fett	
1 Prise Salz	
1 P. Vanillepuddingpulver (Diätprodukt)	
3 EL Fruchtzucker	
1 walnußgroßes Stück Biskin	
1 EL Instantkaffeepulver	
1 Eiweiß	

1. Die Eigelbe mit dem Ei, dem Fruchtzucker und dem Vanillemark in einer Schüssel verrühren. So lange rühren, bis die Masse schaumig ist.
2. Die Eiweiße sehr steif schlagen; ein Messerschnitt sollte sichtbar bleiben. Das Stärkemehl mit dem Backpulver mischen.
3. Die Stärkemischung zusammen mit der Hälfte der gemahlenen Nüsse unter die Eigelbmasse heben. Dann den Eischnee und zuletzt die restlichen Nüsse vorsichtig darunterheben.
4. Den Teig in eine ausgefettete, mit Paniermehl ausgestreute Springform füllen und bei 175°C etwa 40 Minuten backen. Mit einem Tuche bedeckt auf einem Gitter auskühlen und mindestens 2 Stunden ruhen lassen.

5. Inzwischen aus der Milch, etwas Salz, dem Fruchtzucker und dem Puddingpulver entsprechend der Packungsanweisung einen Pudding kochen. In den heißen Pudding das Biskin und das Kaffeepulver einrühren. Darauf achten, daß das Pulver sich vollständig auflöst. Den Mokkapudding erkalten lassen. Das Eiweiß steif schlagen und unter den Pudding heben.
6. Den Kuchen einmal quer durchschneiden. Den unteren Boden mit einem Drittel des Mokkapuddings bestreichen, den Kuchendeckel wieder darauf setzen und leicht andrücken. Die ganze Torte mit dem restlichen Pudding bestreichen. Als Verzierung mit einem Eßlöffel gleichmäßige Vertiefungen in die Creme drücken und diese so nach oben ziehen, daß sich Nasen bilden.

Backzeit: ca. 40 Min.
Ruhezeit: mind. 2 Std.
ca. 191 kcal • 1 BE • 63 mg Chol.

Verzierung
16 Mokkabohnen (Diätprodukt) rundherum auf die Torte setzen.
ca. 206 kcal • 1,5 BE • 63 m

Bienenstichtorte *

Für 16 Stücke

Für den Teig

150 g Grahammehl Type 1700
100 g Weizenmehl Type 1050
1 Würfel Hefe
60 g Fruchtzucker
75 ml Milch 1,5 % Fett
40 g Margarine oder Butter
1 Prise Salz
1 Ei, 1 Eigelb
Mark von 1 Vanilleschote
75 ml warmes Wasser

Für den Belag

1 walnußgroßes Stück Butter
20 g Fruchtzucker, 1 EL Honig
150 g Mandelblättchen

Für die Füllung

½ l Milch 1,5 % Fett
1 Prise Salz, 40 g Fruchtzucker
1 P. Vanillepuddingpulver (Diätprodukt)
1 walnußgroßes Stück Biskin
100 g weiche Butter, 2 Eiweiß

1. Das ganze Mehl mischen und in eine Schüssel sieben. In die Mitte eine Mulde drücken. Die Hefe hineinbröckeln und den Fruchtzucker darüberstreuen.

2. Die Milch leicht erwärmen, in die Mulde gießen und so lange rühren, bis die Hefe sich aufgelöst hat. Den Vorteig abdecken und an einem warmen Ort etwa ¼ Stunde gehen lassen.

3. Das Fett cremig rühren. Etwas Salz, das Ei, das Eigelb und das Vanillemark darunterrühren. Es soll eine schaumige Masse entstehen.

4. Zeigt der Vorteig Blasen, werden die Fettmischung und das Wasser dazugegeben. Alles zu einem geschmeidigen Teig verarbeiten. Diesen nur leicht kneten und nicht schlagen. Den Teig mindestens ¼ Stunde zugedeckt an einem warmen Ort gehen lassen. Er sollte zu etwa doppeltem Volumen aufgehen.

5. Inzwischen für den Belag die Butter schmelzen lassen, Fruchtzucker und Honig darin auflösen und die Mandelblättchen darunterrühren. Diese Masse leicht karamelisieren.

6. Den Hefeteig ausrollen und in eine ausgefettete Springform legen. Ihn bei 175° C etwa 35 Minuten backen. Den Kuchen aus dem Ofen nehmen, die heiße Mandelmasse darauf geben, glattstreichen und den Bienenstich nochmals etwa 10 Minuten backen.

7. Für die Füllung aus Milch, Salz, Fruchtzucker und Puddingpulver entsprechend der Packungsanleitung einen Pudding kochen. In den heißen Pudding das Biskin einrühren, die Masse abkühlen lassen.

8. Die Buttercreme wird erst dann fertiggestellt, wenn Butter und Pudding die gleiche Temperatur haben. Die Butter cremig rühren und den Pudding eßlöffelweise darunterrühren. Die Eiweiße sehr steif schlagen. Den Eischnee vorsichtig unter die Creme rühren.

9. Den Kuchen einmal quer durchschneiden. Die Creme auf den Tortenboden geben, glattstreichen, den Tortendeckel darauf setzen.

Zeit zum Gehen: mind. ½ Std.
Backzeit: ca. 45 Min.
ca. 338 kcal • 2 BE • 84 mg Chol.

Müslitorte *

Für 16 Stücke

Für den 1. Teig

80 g Grahammehl Type 17004

¼ mittelgroße Birne (ca. 40 g)

4 El Wasser

50 g Weizenmehl Type 1050

1 TL Backpulver

1 kleines Ei

40 g Margarine oder Butter

Für den 2. Teig

1 Eigelb, 4 EL warmes Wasser

30 g Fruchtzucker

50 g Grahammehl Type 1700

25 g Stärkemehl

1 geh. TL Backpulver

2 Eiweiß

Für die Füllung

6 Blatt weiße Gelatine

750 g Joghurt

100 ml Birnensaft (Diätprodukt)

2 Eiweiß

200 g Bircher Müsli (Diätprodukt)

40 g Vollmilchkurvertüre (Rezept S. 84)

1. Das Birnenviertel in dem Wasser dünsten und fein pürieren.
2. Für den 1. Teig das ganze Mehl mit dem Backpulver mischen, in eine Schüssel sieben und zusammen mit den übrigen Zutaten zu einem geschmeidigen Teig verarbeiten. Eine Kugel formen und sie 1 Stunde im Kühlschrank ruhen lassen.
3. Den Teig auf dem gefetteten Boden einer Springform ausrollen. Den Kuchen 10 bis 15 Minuten bei 175°C backen und auf einem Gitter auskühlen lassen.

4. Für den 2. Teig das Eigelb mit dem Wasser und dem Fruchtzucker in einer Schüssel verrühren. So lange rühren, bis die Masse schaumig ist.
5. Das Mehl mit dem Stärkemehl und dem Backpulver mischen. Die Eiweiße sehr steif schlagen; ein Messerschnitt sollte sichtbar bleiben.
6. Abwechselnd die Mehlmischung und den Eischnee portionsweise vorsichtig unter die Eigelbmasse heben.
7. Den Teig in eine ausgefettete, mit Paniermehl ausgestreute Springform füllen und bei 175°C etwa ¼ Stunde backen. Den Boden auf einem Gitter auskühlen lassen. Inzwischen die Gelatine in kaltem Wasser quellen lassen.
8. Für die Füllung den Joghurt mit dem Birnensaft glattrühren. Die Gelatine gut ausdrücken, in einem Topf bei schwacher Hitze auflösen und unter die Joghurtmasse rühren.
9. Die Eiweiße steif schlagen. Wenn die Joghurtmasse beginnt, fest zu werden, das Müsli darunterrühren. Anschließend den Eischnee vorsichtig darunterheben.
10. Den Mürbeteigboden in eine mit Pergamentpapier ausgekleidete Springform legen. 40 g Vollmilchkuvertüre herstellen. Den Mürbeteigboden damit bestreichen und den Biskuitboden darauf legen. Die Joghurtmasse darauf geben und glattstreichen. Die Torte so lange im Kühlschrank kalt stellen, bis die Masse fest ist.

Ruhezeit: ca. 1 Std.
Backzeit 1.Boden: 10–15 Min.
Backzeit 2. Boden: ca. ¼ Std.
ca. 167 kcal • 2 BE • 42 mg Chol.

Herrentorte *

Für 16 Stücke

Für den 1. Teig

100 g Weizenmehl Type 1050

1 TL Backpulver

20 g Kakao

1 Prise gemahlener Zimt

1 Prise gemahlene Nelken

30 g Fruchtzucker

1 Ei

40 g Margarine oder Butter

Für den 2. Teig

2 Eigelb

100 g Fruchtzucker

2 EL warmes Wasser

2 cl Rum

6 Eiweiß

100 g Weizenmehl Type 1050

50 g Stärkemehl

50 g Kakao

2 TL Backpulver

¼ TL gemahlener Zimt

¼ TL gemahlene Nelken

1 Prise Salz

50 g Margarine oder Butter

Für die Füllung

½ l Milch 1,5 % Fett

1 Prise Salz

40 g Fruchtzucker

1 P. Schokoladenpuddingpulver (Diätprodukt)

1 walnußgroßes Stück Biskin

150 g Butter

1. Für den 1. Teig das Mehl mit Backpulver, Kakao, Zimt und Nelkenpulver mischen und in eine Schüssel sieben. In die Mitte eine Mulde drücken. Den Fruchtzucker und das Ei hineingeben. Die Margarine oder die Butter in Flöckchen auf dem Rand verteilen.

2. Alle Zutaten rasch zu einem geschmeidigen Teig verkneten. Eine Kugel formen und diese mindestens 1 Stunde im Kühlschrank ruhen lassen.

3. Den Teig auf dem gefetteten Boden einer Springform ausrollen. Den Boden 10 bis 15 Minuten bei 160° C backen und auf einem Gitter auskühlen lassen.

4. Für den 2. Teig die Eigelbe mit dem Fruchtzucker, dem Wasser und dem Rum in einer Schüssel verrühren. So lange weiterrühren, bis die Masse schaumig ist. Die Eiweiße sehr steif schlagen; ein Messerschnitt sollte sichtbar bleiben. Das Mehl mit dem Backpulver, den Gewürzen und etwas Salz mischen.

5. Die Butter oder die Margarine schmelzen lassen. Die Hälfte des Eischnees unter die Eigelbmasse heben. Die Mehlmischung dazusieben und zusammen mit dem restlichen Eischnee ganz vorsichtig darunterheben.

6. Das inzwischen abgekühlte Fett unter den Teig rühren. Den Teig in eine ausgefettete, mit Paniermehl ausgestreute Springform füllen. Bei

175°C etwa 45 Minuten backen. Den Kuchen in der zweiten Hälfte der Backzeit abdecken. Ihn aus der Form nehmen und auf einem Gitter auskühlen lassen.

7. Für die Füllung aus der Milch, etwas Salz, dem Fruchtzucker und dem Puddingpulver entsprechend der Packungsanweisung einen Pudding kochen. In den heißen Pudding das Biskin einrühren und den Pudding abkühlen lassen.

8. Die Creme wird erst dann fertiggestellt, wenn Butter und Pudding die gleiche Temperatur haben. Die Butter cremig rühren und den Schokoladenpudding eßlöffelweise langsam darunterrühren.

9. Den Schokoladenkuchen einmal quer durchschneiden. Auf den Mürbeteigboden ein Drittel der Creme geben, sie glattstreichen, einen Schokoladenboden darauf setzen und leicht andrücken. Ein weiteres Drittel der Creme darauf verteilen, dann den zweiten Schokoladenboden darauf setzen und ebenfalls leicht andrücken. Die ganze Torte gleichmäßig mit der restlichen Schokoladencreme bestreichen.

Ruhezeit: mind. 1 Std.
Backzeit 1. Boden: 10–15 Min.
Backzeit 2. Boden: ca. 45 Min.
ca. 283 kcal • 2 BE • 89 mg Chol.

Verzierung

Den Rand der Torte mit 50 g Schokoladenstreusel (Diätprodukt) verzieren. 100 g Honigmarzipan entsprechend dem Rezept von Seite 85 herstellen und dieses zu einer Scheibe entsprechend dem Tortendurchmesser ausrollen. Den Marzipandeckel auf die Torte legen. 40 g Zartbitterglasur entsprechend dem Rezept von Seite 84 herstellen und sie auf dem Deckel verteilen. 16 Marzipanspitzen laut der Anweisung von Seite 85 herstellen und sie rundherum auf die Torte setzen.
ca. 372 kcal • 2,5 BE

Mandel-Kaffee-Cremetorte *

Für 16 Stücke

Für den Teig

2 Eigelb

1 Ei

80 g Fruchtzucker

Mark von 1 Vanilleschote

4 Eiweiß

50 g Stärkemehl

3 TL Backpulver

200 g ungeschälte, gemahlene Mandeln

Für die Füllung

½ l Milch 1,5 % Fett

1 Prise Salz

60 g Fruchtzucker

1 P. Vanillepuddingpulver (Diätprodukt)

1 EL Instantkaffeepulver

1 walnußgroßes Stück Biskin

1 Eiweiß

1. Die Eigelbe mit dem Ei, dem Fruchtzucker und dem Vanillemark in einer Schüssel verrühren. Alles so lange weiterrühren, bis die Masse schaumig ist.
2. Die Eiweiße sehr steif schlagen; ein Messerschnitt sollte sichtbar bleiben. Das Stärkemehl mit dem Backpulver mischen.
3. Die Stärkemischung und die Hälfte der gemahlenen Mandeln unter die Eigelbmasse heben. Dann den Eischnee zusammen mit den restlichen Mandeln vorsichtig darunterheben.
4. Den Teig in eine ausgefettete, mit Paniermehl ausgestreute Springform füllen. Den Kuchen bei 175° C etwa 40 Minuten backen. Wird der Boden zu schnell braun, ihn abdecken. Den fertigen Kuchen mit einem Tuch bedeckt auf einem Gitter auskühlen lassen.
5. Inzwischen aus der Milch, dem Salz, dem Fruchtzucker und dem Puddingpulver entsprechend der Packungsanweisung einen Pudding kochen. In den heißen Pudding das Biskin und das Kaffeepulver einrühren. Das Pulver muß sich vollkommen auflösen. Die Puddingmasse abkühlen lassen. Das Eiweiß steif schlagen und darunterheben.
6. Den Kuchen einmal quer durchschneiden. Den unteren Boden mit einem Drittel der Creme bestreichen. Den zweiten Boden darauf setzen, leicht andrücken und die gesamte Torte mit dem zweiten Drittel der Creme bestreichen. Die restliche Kaffeecreme in einen Spritzbeutel füllen und die Torte damit verzieren.

Backzeit: ca. 40 Min.
ca. 192 kcal • 1,5 BE • 63 mg Chol.

Verzierung

8 ungeschälte Mandeln und 8 Mokkabohnen abwechselnd rundherum auf die Torte setzen.
ca. 205 kcal • 1,5 BE

Käse-Sahne-Torte *

Für 16 Stücke

Für den Teig

200 g Weizenmehl Type 1050

1 TL Backpulver

40 g Fruchtzucker

abgeriebene Schale von ½ unbehandelten Zitrone

1 Ei

80 g Margarine oder Butter

Für die Füllung

8 Blatt weiße Gelatine

¼ l Milch 1,5 % Fett

80 g Fruchtzucker

1 Prise Salz

abgeriebene Schale von ½ unbehandelten Zitrone

2 Eigelb

500 g Magerquark

200 g Sahne

2 Eiweiß

1. Das Mehl mit dem Backpulver mischen und auf eine Arbeitsfläche sieben und in die Mitte eine Mulde drücken. Den Fruchtzucker, die Zitronenschale und das Ei hineingeben. Die Margarine oder die Butter in Flöckchen auf dem Rand verteilen. **2.** Alle Zutaten rasch zu einem geschmeidigen Teig verkneten. Eine Kugel formen und sie dann mindestens 1 Stunde im Kühlschrank ruhen lassen. **3.** Die Hälfte des Mürbeteigs ausrollen und auf dem Boden einer ausgefetteten, mit Paniermehl ausgestreuten Springform legen. Den Boden 10 bis 15 Minuten bei 175° C backen und auf einem Gitter auskühlen lassen.

Den restlichen Teig ebenfalls zu einem solchen Boden backen. Den Boden noch heiß in 16 Tortenstücke schneiden. **4.** Die Gelatine in kaltem Wasser quellen lassen. Inzwischen die Milch zusammen mit dem Fruchtzucker, etwas Salz, der Zitronenschale und den Eigelben in einen Topf geben und unter ständigem Rühren kurz aufkochen lassen. Die Gelatine gut ausdrücken, in einem kleinen Topf unter leichtem Erwärmen auflösen und zusammen mit dem Quark unter die Milch rühren. **5.** Die Sahne steif schlagen. Wenn die Milch-Quark-Masse beginnt, fest zu werden, die Sahne darunterheben. Sofort die Eiweiße steif schlagen und ebenfalls unter die Masse heben. **6.** Den ganzen Boden in einen mit einem Pergamentpapierstreifen ausgekleideten Springformrand legen. Zwei Drittel der Quarkmasse darauf geben und glattstreichen. Den geschnittenen Boden darauf legen und die restliche Käse-Sahne-Masse darauf streichen. Die Tortenstücke mit einem Messer anzeichnen. Die Torte so lange kalt stellen, bis sie fest ist.

Ruhezeit: mind. 1 Std.
Backzeit: zweimal 10–15 Min.
ca. 196 kcal • 1,5 BE • 79 mg Chol.

Erdbeer-Sahne-Torte *

Für 16 Stücke

Für den Teig

150 g Grahammehl Type 1700
50 g Weizenmehl Type 1050
1 geh. TL Backpulver
40 g Fruchtzucker
1 Ei
80 g Margarine oder Butter
ca. 75 ml Wasser

Für die Füllung

8 Blatt Gelatine
500 g frische Erdbeeren
100 g Fruchtzucker
500 g Joghurt
200 g Sahne

Für den Guß

1 P. Tortengußpulver

1. Das ganze Mehl mit dem Backpulver mischen und auf eine Arbeitsfläche sieben. In die Mitte eine Mulde drücken. Den Fruchtzucker und das Ei hineingeben und das Fett in Flöckchen auf dem Rand verteilen.
2. Alle Zutaten unter Zugabe des Wassers rasch zu einem Teig verkneten. Diesen zu einer Kugel formen und mindestens 1 Stunde im Kühlschrank ruhen lassen.
3. Die Erdbeeren waschen und putzen, dabei acht besonders schöne Früchte mit Blättchen zurückbehalten. Die anderen Erdbeeren mit dem Fruchtzucker bestreuen und 1 Stunde durchziehen lassen.
4. Die Hälfte des Mürbeteiges ausrollen und auf den Boden einer ausgefetteten, mit Paniermehl ausge-

streuten Springform legen. Bei 175°C etwa 15 Minuten backen. Aus dem restlichen Teig ebenso einen zweiten Boden backen. Einen der Böden noch heiß in 16 Stücke schneiden.
5. Die Gelatine in kaltem Wasser quellen lassen. Die Erdbeeren in ein Sieb geben und abtropfen lassen, dabei den Saft auffangen und ihn beiseite stellen. Die Erdbeeren pürieren.
6. Den Joghurt mit dem Erdbeerpüree glattrühren. Die Gelatine gut ausdrücken, in einem kleinen Topf unter leichtem Erwärmen auflösen und unter den Erdbeerjoghurt rühren. Die Sahne steif schlagen. Wenn die Erdbeermasse beginnt fest zu werden, die Sahne darunterheben.
7. Den Erdbeersaft mit Wasser auf ¼ l auffüllen, in einen Topf geben, das Tortengußpulver einstreuen und die Flüssigkeit aufkochen lassen. Den geschnittenen Boden mit dem Guß überziehen.
8. Den ungeschnittenen Boden in einen mit einem Pergamentpapierstreifen ausgekleideten Springformrand legen. Die Erdbeer-Joghurt-Masse darauf geben und glattstreichen.
9. Den geschnittenen Boden darauf legen und jedes der 16 Stücke an einer Seite so in die Joghurtmasse drücken, so daß sie etwas schräg nach oben stehen.
10. Die Erdbeeren mit den Blättchen der Länge nach halbieren und auf jedes Tortenstück eine Erdbeerhälfte mit der Schnittfläche nach unten setzen.

Ruhezeit: mind. 1 Std.
Backzeit pro Boden: ca. 15 Min.
ca. 183 kcal • 2 BE • 38 mg Chol.

Zitronentorte *

Für 16 Stücke

Für den Teig

150 g Magerquark

40 g Fruchtzucker

1 Prise Salz

abgeriebene Schale von ½ unbehandelten
Zitrone

6 EL Öl

4 EL Milch 1,5 % Fett

300 g Weizenmehl Type 1050

1 geh. TL Backpulver

Für die Füllung

Saft von 2 Zitronen

8 Blatt weiße Gelatine

abgeriebene Schale von 2 unbehandelten
Zitronen

150 g Fruchtzucker

1 Eigelb

750 g Joghurt

3 Eiweiß

1. Den Quark mit Fruchtzucker,
Salz, Zitronenschale, Öl und Milch in
eine Schüssel geben. Alles gut verrühren.
2. Das Mehl mit dem Backpulver
mischen, zu der Quark-Öl-Masse sieben und alles rasch zu einem
geschmeidigen Teig verkneten. Nicht
zu lange kneten, da der Teig sonst
klebrig wird.
3. Die Hälfte des Quark-Öl-Teiges
auf den Boden einer ausgefetteten,
mit Paniermehl ausgestreuten Springform geben und mit einem nassen
Löffel glattstreichen. Bei 180° C etwa
¼ Stunde backen. Den restlichen Teig
ebenfalls zu einem solchen Boden
backen.

4. Inzwischen die Gelatine in kaltem Wasser quellen lassen. Den Zitronensaft zusammen mit der Zitronenschale, dem Fruchtzucker und dem
Eigelb unter ständigem Rühren kurz
aufkochen lassen. Die Gelatine gut
ausdrücken, in einem kleinen Topf
unter leichtem Erwärmen auflösen
und zusammen mit dem Joghurt
unter die Zitronen-Zucker-Mischung
rühren.
5. Die Eiweiße steif schlagen. Wenn
der Zitronenjoghurt fest zu werden
beginnt, den Eischnee vorsichtig darunterheben.
6. Einen der Tortenböden in einen
mit einem Pergamentpapierstreifen
ausgekleideten Springformrand legen. Ein Drittel des Zitronenjoghurts
darauf geben und glattstreichen. Den
zweiten Tortenboden darauf setzen,
leicht andrücken und ein zweites
Drittel Joghurtmasse darauf verteilen.
7. Die Torte so lange kalt stellen, bis
sie fest ist. Die Zitronentorte aus der
Form herausnehemen. Die restliche
Joghurtmasse in einen Spritzbeutel
füllen und rundherum 16 Tupfen auf
die Torte spritzen.

Backzeit pro Boden: ca. ¼ Std.
ca. 184 kcal • 2 BE • 23 mg Chol.

Verzierung

Aus 1 bis 2 Zitronen 16 dünne Scheiben schneiden. Jede davon einmal
bis zur Mitte einschneiden. Auf jeden
Joghurttupfen eine Zitronenscheibe
setzen.

St.-Honoré-Torte

Für 12 Stücke

Für den 1. Teig

100 g Weizenmehl Type 1050

½ TL Backpulver

20 g Fruchtzucker

1 kleines Ei

40 g Margarine oder Butter

Für den 2. Teig

150 g Weizenmehl Type 1050

¼ l Wasser

40 g Butter

1 Prise Salz, 3 Eier

Für die Füllung

¾ l Milch 1,5 % Fett

1 Prise Salz

60 g Fruchtzucker

1 ½ P. Vanillepuddingpulver (Diät-produkt)

1 EL Biskin

2 EL Aprikosenmarmelade (Diätprodukt)

1 Eiweiß

1. Das Mehl mit dem Backpulver mischen und auf eine Arbeitsfläche sieben. In die Mitte eine Mulde drücken. Den Fruchtzucker und das Ei hineingeben und das Fett in Flöckchen auf dem Rand verteilen.
2. Alle Zutaten rasch zu einem geschmeidigen Teig verkneten. Diesen zu einer Kugel formen und mindestens 1 Stunde im Kühlschrank ruhen lassen.
3. Den Mürbeteig ausrollen und in eine ausgefettete, mit Paniermehl ausgestreute Springform legen. Den Boden 10 bis 15 Minuten bei 175°C backen.

4. Für den 2. Teig das Mehl durchsieben. Das Wasser zusammen mit der Butter und etwas Salz in einem Topf kurz aufkochen lassen. Den Topf vom Herd nehmen, das Mehl in das Wasser einstreuen und die Masse zu einem glatten Teig verrühren.
5. Den Topf auf den Herd zurückstellen und bei geringer Hitzezufuhr so lange rühren, bis sich auf dem Boden eine weiße Haut bildet und der Teig sich zu einem Kloß formt.
6. Den Topf wieder von der Herdplatte nehmen. Ein Ei nach dem anderen unter den Teig rühren. Er soll schwer reißend vom Löffel fallen.
7. Den Brandteig in einen Spritzbeutel mit der größten Sterntülle füllen. Auf einen gefetteten Springformboden einen Rand spritzen.
8. Den Brandteigkranz bei 180°C etwa 30 Minuten backen. Ihn anschließend sofort rundherum mit einer Nadel einstechen und auf einem Gitter auskühlen lassen.
9. Für die Füllung aus der Milch, etwas Salz, dem Fruchtzucker und dem Puddingpulver einen Pudding kochen. In den heißen Pudding das Biskin einrühren und die Masse etwas abkühlen lassen.
10. Den Mürbeteigboden mit der Marmelade bestreichen und den Brandteigkranz darauf setzen. Das Eiweiß steif schlagen und unter den lauwarmen Vanillepudding heben. Diesen auf den Mürbeteigboden geben und glattstreichen.

Ruhezeit: mind. 1 Std.
Backzeit 1. Boden: 10–15 Min.
Backzeit 2. Boden: ca. ½ Std.
ca. 220 kcal • 2,5 BE • 126 mg Chol.

Den Brandteigkranz mit 1 Eßlöffel Aprikosenmarmelade (Diätprodukt) bestreichen.

ca. 224 kcal. • 2 BE

Charlotte Royal *

Für 12 Stücke

Für den Teig

4 Eigelb

6 EL warmes Wasser

50 g Fruchtzucker

100 g Weizenmehl Type 1050

50 g Stärkemehl

2 TL Backpulver

4 Eiweiß

Zum Bestreichen

4 EL Erdbeermarmelade (Diätprodukt)

Für die Füllung

8 Blatt weiße Gelatine

¼ l Weißwein (lieblich)

¼ l weißer Traubensaft (Diätprodukt)

250 g Magerquark

2 Eiweiß

1. Die Eigelbe mit dem Wasser und dem Fruchtzucker in einer Schüssel verrühren. So lange weiterrühren, bis die Masse schaumig ist.
2. Das Mehl mit dem Stärkemehl und dem Backpulver mischen. Die Eiweiße sehr steif schlagen; ein Messerschnitt sollte sichtbar bleiben.
3. Abwechselnd die Mehlmischung und den Eischnee portionsweise vorsichtig unter die Eigelbmasse heben.
4. Den Biskuitteig auf ein mit Backpapier ausgelegtes Backblech geben

und 10 bis 15 Minuten bei 175° C backen. Die Teigplatte sofort auf ein Küchenhandtuch stürzen, das Papier mit Wasser einpinseln und vorsichtig abziehen. Den Boden mit der Marmelade bestreichen und gleich der Länge nach fest zusammenrollen. Die Biskuitrolle auskühlen lassen.
5. Die Gelatine in kaltem Wasser quellen lassen. Den Wein mit dem Traubensaft kurz aufkochen lassen. Die Gelatine gut ausdrücken, in der Saft-Wein-Mischung auflösen und den Quark darunterrühren.
6. Die Eiweiße steif schlagen. Wenn die Weincreme fest zu werden beginnt, den Eischnee darunterheben.
7. Die Biskuitrolle in etwa 1 cm dicke Scheiben schneiden und eine Schüssel damit auslegen. Die Weincreme hineinfüllen. Die Charlotte Royal so lange kalt stellen, bis sie fest ist. Sie dann aus der Schüssel auf eine Platte stürzen.

Backzeit: 10–15 Min.

ca. 150 kcal. • 2 BE • 110 mg Chol.

Strudel und Stollen

Apfelstrudel *

Für 16 Stücke

Für den Teig

300 g Weizenmehl Type 1050

2 EL Weizenkeim- oder Sonnenblumenöl

1 Ei

1 Prise Salz

ca. 1/8 l Wasser

Für die Füllung

1,5 kg Äpfel

60 g Fruchtzucker

50 g Rosinen

1 TL Zimt

2 cl Rum

50 g Butter

50 g Paniermehl

1. Die Zutaten für den Teig in eine Schüssel geben und zu einem glatten, zähen Teig verarbeiten. Er muß kräftig durchgearbeitet werden, damit er geschmeidig wird.
2. Den Teig zu einer Kugel formen, mit etwas Öl bestreichen und mindestens ½ Stunde ruhen lassen. Dabei die Teigkugel mit einem kleinen Topf abdecken, der zuvor mit heißem Wasser angewärmt wurde.
3. Inzwischen die Äpfel waschen, schälen und fein raspeln. Die Raspel in einem Topf kurz aufkochen lassen. Anschließend mit dem Fruchtzucker, den Rosinen, dem Zimt und dem Rum mischen.
4. Den Teig auf einem mit Mehl bestäubten Tuch so dünn wie möglich zu einem Rechteck ausrollen. Mit den Händen unter den Teig fahren und ihn über die Handrücken so dünn ausziehen, daß das Muster des Tuches gleichmäßig hindurchscheint.
5. Die Butter zerlassen und zwei Drittel des ausgezogenen Teiges damit bestreichen. Das Paniermehl darüberstreuen und die Apfelfüllung gleichmäßig darauf verteilen. Dabei links und rechts entlang der Teigplatte einen etwa 3 cm breiten Rand lassen.
6. Anschließend die Teigränder einschlagen und den Strudel der Länge nach zusammenrollen. Dazu das Tuch an der Seite, wo sich die Füllung befindet, leicht anheben.
7. Den Apfelstrudel auf ein gefettetes Backblech legen und bei 175°C etwa 35 Minuten backen. Auf einem Gitter auskühlen lassen.

Ruhezeit: mind. ½ Std.
Backzeit: ca. 35 Min.
ca. 189 kcal • 2 BE • 30 mg Chol.

Quarkstrudel

Für 16 Stücke

Für den Teig

300 g Weizenmehl Type 1050

2 EL Weizenkeim- oder Sonnenblumenöl

1 Ei

1 Prise Salz

ca. ⅛ l Wasser

Für die Füllung

100 g Butter

100 g Fruchtzucker

abgeriebene Schale von ½ unbehandelten Zitrone

1 Prise Salz

3 Eigelb

5 Vollkornbrötchen

ca. ¼ l Milch 1,5 % Fett

500 g Magerquark

100 g Rosinen

150 g Schmand

4 Eiweiß

Zum Begießen:

¼ l Milch 1,5 % Fett

1. Die Zutaten für den Teig in eine Schüssel geben und zu einem glatten, zähen Teig verarbeiten. Er muß kräftig durchgearbeitet werden, damit er geschmeidig wird.
2. Den Teig zu einer Kugel formen, mit etwas Öl bestreichen und mindestens ½ Stunde ruhen lassen. Dabei die Teigkugel mit einem kleinen Topf abdecken, der zuvor mit heißem Wasser angewärmt wurde.
3. Den Teig nun auf einem mit Mehl bestäubten Tuch so dünn wie möglich zu einem Rechteck ausrollen. Mit den Händen unter den Teig fahren und ihn über die Handrücken so dünn aufziehen, daß das Muster des Tuches gleichmäßig hindurchscheint.
4. Inzwischen die Brötchen in der Milch einweichen. Die Butter mit dem Fruchtzucker, der Zitronenschale, dem Salz und den Eigelben schaumig rühren.
5. Den Quark und die Brötchen passieren und zusammen mit den Rosinen sowie dem Schmand unter die Eigelbmasse rühren. Die Eiweiße steif schlagen und unter die Quarkmasse heben.
6. Die Masse gleichmäßig auf dem Strudelteig verteilen. Dabei links und rechts entlang der Teigplatte einen etwa 3 cm breiten Rand lassen. Die Teigränder einschlagen und den Strudel von der Längsseite her zusammenrollen. Dazu das Tuch an der Seite, wo sich die Füllung befindet, leicht anheben.
7. Den Quarkstrudel auf ein gefettetes Backblech legen und bei 175° C etwa 40 Minuten backen. Währenddessen den Strudel nach und nach mit der Milch begießen. Ihn auf dem Backblech auskühlen lassen.

Ruhezeit: mind. ½ Std.
Backzeit: ca. 40 Min.
ca. 278 kcal • 2,5 BE • 109 mg Chol.

Quarkstollen *

Für 44 Scheiben

Für den Teig

500 g Weizenmehl Type 1050

2 Würfel Hefe

80 g Fruchtzucker

⅛ l Milch 1,5 % Fett

1 Prise Salz

Mark von 2 Vanilleschoten

abgeriebene Schale von 1 unbehandelten Zitrone

250 g Magerquark

150 g saure Sahne

100 g Butter

2 Eier

150 g Rosinen

Zum Bestreichen

50 g Butter

1. Das Mehl in eine Schüssel sieben und in die Mitte eine Mulde drücken. Die Hefe hineinbröckeln und den Fruchtzucker darüberstreuen.
2. Die Milch leicht erwärmen, in die Mulde gießen und so lange rühren, bis die Hefe sich aufgelöst hat. Den Vorteig mit einem Tuch abdecken und ihn an einem warmen Ort etwa ¼ Stunde gehen lassen.
3. Zeigt der Vorteig Blasen, werden Salz, Vanillemark, Zitronenschale, Quark, saure Sahne, Butter und Eier dazugegeben. Alle Zutaten zu einem Teig verkneten. Ist der Teig zu weich, noch etwas Mehl einarbeiten.
4. Eine Teigkugel formen, sie mit einem Tuch gut zudecken und etwa ¾ Stunden gehen lassen.
5. Die Rosinen in den Teig einarbeiten. Den Teig auf einer bemehlten Arbeitsfläche etwa 5 cm dick ausrollen. Die eine Teighälfte so über die andere schlagen, daß der untere Teigrand etwas übersteht. Den Laib mit der Hand zu einem typischen Stollen formen.
6. Den Stollen auf ein gefettetes Backblech legen. Einen 6 cm breiten Streifen Pergamentpapier um den Laib legen und mit einer Nadel zusammenstecken. So bleibt der Stollen in Form. Den Quarkstollen zudecken und an einem warmen Ort etwa ¼ Stunde gehen lassen.
7. Anschließend den Stollen bei 180° C etwa 1 Stunde backen. Wird der Stollen zu schnell braun, ihn abdecken. Die Butter zerlassen. Den heißen Stollen damit bestreichen.

Zeit zum Gehen: mind. 1 ¼ Std.
Backzeit: ca. 1 Std.
ca. 96 kcal • 1 BE • 26 mg Chol.

_____ TIP _____

Frisch schmeckt der Stollen am besten.

Farbtafel 7:
Windbeutel
(Rezept Seite 78)
Puffertsplätzchen
(Rezept Seite 77)
Spritzringe
(Rezept Seite 77)

Marzipanstollen *

Für 44 Scheiben

Für den Teig

500 g Weizenmehl Type 1050

1 ½ Würfel Hefe

50 g Fruchtzucker

¼ l Milch 1,5 % Fett

Mark von 1 Vanilleschote

abgeriebene Schale von je 1 unbehandelten Zitrone und Orange

1 Prise Salz

5 Tropfen Bittermandelöl

200 g Honigmarzipan (Rezept S. 85)

200 g geschälte, geriebene Mandeln

200 g weiche Butter

Zum Bestreichen

50 g Butter

1. Das Mehl in eine Schüssel sieben und in die Mitte eine Mulde drücken. Die Hefe hineinbröckeln und den Fruchtzucker darüberstreuen.

2. Die Milch leicht erwärmen, in die Mulde gießen und so lange rühren, bis die Hefe sich aufgelöst hat. Den Vorteig mit einem Tuch abdecken und ihn an einem warmen Ort etwa ¼ Stunde gehen lassen.

3. Zeigt der Vorteig Blasen, werden Vanillemark, Zitronen- und Orangenschale, Salz und Bittermandelöl dazugegeben. Alle Zutaten zu einem glatten Teig verkneten und diesen so lange kräftig schlagen, bis er nicht mehr klebt.

4. Eine Teigkugel formen, sie mit einem Tuch zudecken und dann etwa ½ Stunde an einem warmen Ort gehen lassen.

5. Das Honigmarzipan herstellen. Die Mandeln und die Butter in den Teig einarbeiten.

6. Den Teig auf einer bemehlten Arbeitsfläche etwa 5 cm dick ausrollen. Das Marzipan zu einer Rolle formen und sie in die Mitte des Teiges legen.

7. Eine Seite der Teigplatte so über die Marzipanrolle schlagen, daß der untere Teigrand etwas übersteht. Den Laib mit der Hand zu einem typischen Stollen formen.

8. Den Stollen auf ein gefettetes Backblech legen. Einen 6 cm breiten Streifen Pergamentpapier um den Laib legen und mit einer Nadel zusammenstecken. So bleibt der Stollen in Form.

9. Den Marzipanstollen bei 180° C etwa 1 Stunde backen. Die Butter zerlassen und den heißen Stollen damit bestreichen. Auf einem Gitter auskühlen lassen.

Farbtafel 8:

Bergischer Stuten

(Rezept Seite 82)

Süße Brötchen

(Rezept Seite 80)

Gewürzbrot

(Rezept Seite 82)

Zeit zum Gehen: mind. ¾ Std.
Backzeit: ca. 1 Std.
ca. 119 kcal • 1 BE • 13,9 mg Chol.

Stollen Dresdener Art *

Für 44 Scheiben

Für den Teig

750 g Weizenmehl Type 1050

2 Würfel Hefe

100 g Fruchtzucker

¼ l Milch 1,5 % Fett

Mark von 2 Vanilleschoten

abgeriebene Schale von je 1 unbehandelten Zitrone und Orange

1 Prise gemahlene Muskatblüte

1 Prise gemahlener Kardamom

1 Prise Salz

5 Tropfen Bittermandelöl

5 Tropfen Rumaroma

250 g weiche Butter

150 g Honigmarzipan (Rezept S. 85)

400 g Rosinen

100 g Zitronat (Diätprodukt)

100 g Orangeat (Diätprodukt)

100 g gehackte Mandeln

Zum Bestreichen

50 g Butter

1. Das Mehl in eine Schüssel sieben und in die Mitte eine Mulde drücken. Die Hefe hineinbröckeln und den Fruchtzucker darüberstreuen.
2. Die Milch leicht erwärmen, in die Mulde gießen und so lange rühren, bis die Hefe sich aufgelöst hat. Den Vorteig an einem warmen Ort etwa ¼ Stunde gehen lassen.
3. Zeigt der Vorteig Blasen, werden Vanillemark, Zitronen- und Orangenschale, Muskatpulver, Kardamom, Salz, Bittermandelöl, Rumaroma und Butter dazugegeben. Alle Zutaten zu einem glatten Teig verkneten und ihn kräftig schlagen.

4. Eine Teigkugel formen, mit einem Tuch bedecken und an einem warmen Ort etwa ½ Stunde gehen lassen.
5. Das Honigmarzipan herstellen. Rosinen, Zitronat, Orangeat und Mandeln in den Teig einarbeiten.
6. Den Teig auf einer bemehlten Arbeitsfläche etwa 5 cm dick ausrollen. Das Marzipan zu einer Rolle formen und sie in die Mitte des Teiges legen.
7. Eine Seite der Teigplatte so über die Marzipanrolle schlagen, daß der untere Teigrand etwas übersteht. Den Laib mit der Hand zu einem typischen Stollen formen.
8. Den Stollen auf ein gefettetes Backblech legen. Einen 6 cm breiten Streifen Pergamentpapier um den Laib legen und mit einer Nadel zusammenstecken. So bleibt der Stollen in Form.
9. Ihn bei 180° C etwa 1 ½ Stunden backen. Die Butter zerlassen und den noch heißen Stollen damit bestreichen. Auf einem Gitter auskühlen lassen.

Zeit zum Gehen: mind. ¾ Std.
Backzeit: ca. 1 ½ Std.
ca. 191 kcal • 2 BE • 17 mg Chol.

_____ TIP _____

Wickeln Sie den Marzipanstollen fest in Alufolie ein, und lassen Sie ihn bis zu 1 Monat an einem kühlen Ort ruhen. In dieser Zeit entfaltet sich das Aroma voll.

Kleingebäck

Vanillekipferl *

Für 30 Stück

125g Weizenmehl Type 1050

1 TL Backpulver

100g Margarine

50g Fruchtzucker

80g geriebene Mandeln

abgeriebene Schale von ½ unbehandelten Zitrone

Mark von ½ Vanilleschote

1 Eigelb

1. Das Mehl mit dem Backpulver mischen und in eine Schüssel sieben. Margarine, Fruchtzucker, Mandeln, Zitronenschale, Vanillemark und Eigelb dazugeben. Alle Zutaten zu einem festen Teig verkneten.
2. Den Teig zu einer Kugel formen und diese mindestens 1 Stunde im Kühlschrank ruhen lassen.
3. Mit den Händen eine Teigrolle von etwa 2 cm Durchmesser formen. Davon etwa 2 cm lange Stücke abschneiden und diese zu kleinen Hörnchen formen.
4. Die Kipferl auf ein gut gefettetes Backblech legen und bei 180°C etwa 10 Minuten backen. Die Vanillekipferl sollten ihre helle Farbe behalten.

Ruhezeit: mind. 1 Std.
Backzeit pro Blech: ca. 10 Min.
3 Stück ca. 63 kcal • 1 BE •
33 mg Chol.

Verzierung
Das Mark von 2 Vanilleschoten mit 50g Fruchtzucker mischen und die noch heißen Kipferl darin wälzen.
2 Stück ca. 140 kcal • 1 BE

Waffeln *

Für 16 Stück

250g Weizenmehl Type 1050

50g Fruchtzucker

125g Margarine oder Butter

3 Eier

gut ½ l Milch 1,5 % Fett

1. Das Mehl in eine Schüssel sieben und mit den übrigen Zutaten zu einem fast flüssigen Teig verrühren.
2. Das Waffeleisen vorheizen, mit wenig Öl einpinseln und pro Waffel je 1 Schöpfkelle Teig hineingeben.
3. Die Waffeln so lange backen, bis sie hellbraun sind. Auf ein Gitter legen und auskühlen lassen.

Backzeit pro Waffel: ca. 3 Min.
ca. 153 kcal • 1 BE • 70 mg Chol.

Verzierung
50g Puderzucker entsprechend der Anweisung von Seite 84 herstellen und die abgekühlten Waffeln damit bestäuben.
ca. 166 kcal • 1,5 BE

Vollkornwaffeln *

für 16 Stück

250 g Grahammehl Type 1700	
1 geh. TL Backpulver	
40 g Fruchtzucker	
125 g Margarine oder Butter	
3 Eier	
gut ½ l Milch 1,5 % Fett	

1. Das Mehl mit dem Backpulver mischen und in eine Schüssel sieben. Die übrigen Zutaten dazugeben und alles zu einem fast flüssigen Teig verrühren. **2.** Das Waffeleisen vorheizen, mit wenig Öl einpinseln und pro Waffel je 1 Schöpfkelle Teig hineinfüllen. **3.** Die Waffeln so lange backen, bis sie hellbraun sind. Auf ein Gitter legen und auskühlen lassen.

Backzeit pro Waffel: ca. 3 Min.
ca. 147 kcal • 1 BE • 70 mg Chol.

Verzierung
Das Mark von ½ Vanilleschote mit 50 g Fruchtzucker mischen und die Waffeln damit bestreuen.
ca. 159 kcal • 1,5 BE

Sprungwaffeln *

Für 36 Stück

2 Eier	
2 TL Fruchtzucker	
1 Prise Salz	
125 g Weizenmehl Type 1050	
200 ml Milch 1,5 % Fett	
Fett zum Ausbacken	

1. Die Eier mit dem Fruchtzucker und etwas Salz gut verrühren. Das Mehl zu der Eimasse sieben und die Milch hinzugießen. Alles zu einem fast flüssigen Teig verrühren. **2.** Fett in einer Friteuse oder einem großen Topf erhitzen. Ein Sprungwaffeleisen zuerst in das heiße Fett, dann in den Waffelteig und wieder in das heiße Fett tauchen, so daß sich die Sprungwaffel vom Eisen löst. **3.** Die Waffeln jeweils etwa 1 Minute im Fett ausbacken. Sie sollen eine hellbraune Farbe bekommen. Auf ein Gitter setzen und auskühlen lassen.

Backzeit pro Waffel: ca. 1 Min.
3 Stück ca. 75 kcal • 1 BE •
20 mg Chol.

Verzierung
2 Eßlöffel Puderzucker entsprechend der Anweisung von Seite 84 herstellen. Die Waffeln damit bestäuben.

TIP

Sprungwaffeln eignen sich auch gut als Dekorationselemente für Gemüseplatten.

Puffertsplätzchen *

Für 14 Stück

200 g Weizenmehl Type 1050
½ Würfel Hefe
20 g Fruchtzucker
gut ⅛ l Milch 1,5 % Fett
1 Prise Salz
1 Ei
50 g Rosinen
Öl zum Backen

1. Das Mehl in eine Schüssel sieben und in die Mitte eine Mulde drücken. Die Hefe hineinbröckeln und den Fruchtzucker darüberstreuen.
2. Die Milch leicht erwärmen, in die Mulde gießen und so lange rühren, bis die Hefe sich aufgelöst hat. Den Vorteig mit einem Tuch zudecken und ihn an einem warmen Ort etwa ¼ Stunde gehen lassen.
3. Zeigt der Vorteig Blasen, werden etwas Salz und das Ei dazugegeben. Alles zu einem glatten Teig verarbeiten. Die Rosinen darunterkneten. Den Teig gut zugedeckt etwa ½ Stunde an einem warmen Ort gehen lassen.
4. Das Öl in einer Pfanne erhitzen. Mit dem Löffel 14 gleich große Teigstücke abstechen, etwas flachdrücken und sie von jeder Seite etwa 4 Minuten bei mittlerer Hitze backen. Die Puffertsplätzchen sollen eine hellbraune Farbe bekommen.

Zeit zum Gehen: ca. ¾ Std.
Backzeit pro Pfanne: ca. 8 Min.
ca. 149 kcal • 1 BE • 27 mg Chol.

Spritzringe *

Für 16 Stück

150 g Weizenmehl Type 1050
¼ l Wasser
40 g Butter
1 Prise Salz
3 Eier

1. Das Mehl durchsieben. Das Wasser mit der Butter und dem Salz in einem Topf kurz aufkochen lassen.
2. Den Topf vom Herd nehmen, das Mehl hineingeben und alles zügig zu einem glatten Teig verrühren.
3. Den Topf auf den Herd zurückstellen und bei geringer Hitzezufuhr so lange rühren, bis sich auf dem Topfboden eine weiße Haut bildet und der Teig sich zu einem Kloß formt.
4. Den Topf wieder vom Herd nehmen und ein Ei nach dem anderen unter den Teig rühren. Der Teig sollte schwer reißend vom Löffel fallen.
5. Den Teig in einen Spritzbeutel füllen und Brandteigringe mit etwa 5 cm Durchmesser auf ein gut gefettetes Blech spritzen.
6. Bei 200° C etwa 35 Minuten backen. Die Spritzringe gleich nach dem Backen mit einer Nadel zweimal einstechen, auf ein Gitter setzen und auskühlen lassen.

Backzeit: ca. 35 Min.
ca. 68 kcal • 0,5 BE • 73,9 mg Chol.

Verzierung
40 g Zitronenglasur entsprechend dem Rezept von Seite 84 herstellen. Die Spritzringe damit bestreichen.
ca. 80 kcal • 1 BE

Windbeutel *

Für 12 Stück

Für den Teig

150 g Weizenmehl Type 1050

¼ l Wasser

40 g Butter

1 Prise Salz

3 Eier

Für die Füllung

400 g Frischkäse Magerstufe

100 g Erdbeeren, Himbeeren oder Ananas

20 g Fruchtzucker

Mark von ½ Vanilleschote

1. Das Mehl durchsieben. Das Wasser mit der Butter und etwas Salz in einem Topf kurz aufkochen lassen.
2. Den Topf vom Herd nehmen, das Mehl in das Wasser einrühren und die Masse zügig zu einem glatten Teig verrühren.
3. Den Topf auf den Herd zurückstellen und den Teig bei geringer Hitzezufuhr so lange rühren, bis sich auf dem Topfboden eine weiße Haut bildet und der Teig sich zu einem Kloß formt.
4. Den Topf wieder von der Herdplatte nehmen und ein Ei nach dem anderen unter den Teig rühren. Er soll schwer reißend vom Löffel fallen.
5. Den Teig in einen Spritzbeutel füllen und 12 Windbeutel mit etwa 4 cm Durchmesser auf ein gefettetes Backblech spritzen. Bei 200° C etwa 20 Minuten backen.
Die Windbeutel gleich nach dem Backen zweimal mit einer Nadel einstechen, auf ein Gitter setzen und auskühlen lassen.

6. In der Zwischenzeit das Obst vorbereiten und eventuell kleinschneiden. Den Frischkäse mit den übrigen Zutaten so lange rühren, bis eine glatte, cremige Masse entstanden ist.
7. Die Windbeutel aufschneiden, mit der Frischkäsecreme füllen und wieder zusammensetzen.

Backzeit: ca. 20 Min.
ca. 124 kcal • 1 BE • 99 mg Chol.

VARIATION

Anstelle einer Frischkäse-Obst-Füllung können Sie die Windbeutel auch mit einer Vanillepuddingcreme füllen. Kochen Sie aus ½ l fettarmer Milch, einer Prise Salz, 30 g Fruchtzucker und einem Päckchen Vanillepuddingpulver entsprechend der Packungsanweisung einen Pudding. Lassen Sie ihn erkalten. Schlagen Sie ein Eiweiß steif, und heben Sie den Eischnee unter den Pudding. Füllen Sie die Windbeutel mit der Puddingcreme.
ca. 165 kcal • 1,5 BE

Puddingbrezel *

Für 16 Stück

Für den Teig

250 g Weizenmehl Type 1050

¾ Würfel Hefe

1 Prise Fruchtzucker

⅛ l Milch 1,5 % Fett

30 g Margarine oder Butter

1 Prise Salz

1 Ei

Mark von 1/2 Vanilleschote

Für die Füllung

knapp ¼ l Milch 1,5 % Fett

1 Prise Salz

30 g Fruchtzucker

1 P. Vanillepuddingpulver (Diät-produkt)

1. Das Mehl in eine Schüssel sieben und in die Mitte eine Mulde drücken. Die Hefe hineinbröckeln und etwas Fruchtzucker darüberstreuen.
2. Die Milch leicht erwärmen, in die Mulde gießen und so lange rühren, bis die Hefe sich aufgelöst hat. Den Vorteig mit einem Tuch zudecken und ihn an einem warmen Ort etwa ¼ Stunde gehen lassen.
3. Inzwischen die Margarine oder die Butter schmelzen lassen und mit etwas Salz, dem Ei und dem Vanillemark verrühren.
4. Zeigt der Vorteig Blasen, wird die Fettmischung dazugegeben. Alle Zutaten zu einem glatten Teig verarbeiten. Den Teig gut zugedeckt etwa ¼ Stunde an einem warmen Ort gehen lassen. Er sollte zu etwa doppeltem Volumen aufgehen.

5. Den Hefeteig in 16 gleich große Stücke teilen, diese zu fingerdicken Teigsträngen rollen und zu Brezeln formen.
6. Die Brezel auf ein gefettetes Backblech legen und bei 175° C etwa 20 Minuten backen. Auf einem Gitter auskühlen lassen.
7. Die Brezel auf Backpapier legen. Aus der Milch, etwas Salz, dem Fruchtzucker und dem Puddingpulver entsprechend der Packungsanleitung einen Pudding kochen und die Zwischenräume der Brezel damit füllen. Den Pudding fest werden lassen und die Brezel vorsichtig vom Backpapier lösen.

Zeit zum Gehen: ca. ½ Std.
Backzeit: ca. 20 Min.
ca. 109 kcal • 1,5 BE • 25 mg Chol.

Brot und Brötchen

Süße Brötchen *

Für 20 Brötchen

Für den Teig
500 g Weizenmehl Type 1050
1 Würfel Hefe
40 g Fruchtzucker
200 ml Milch 1,5 % Fett
70 g Margarine oder Butter
1 Ei
1 Prise Salz

Für die Streusel
100 g Grahammehl Type 1700
30 g Fruchtzucker
40 g Margarine oder Butter

Zum Bestreichen:
1 Eiweiß

1. Das Mehl in eine Schüssel sieben und in die Mitte eine Mulde drücken. Die Hefe hineinbröckeln und den Fruchtzucker darüberstreuen.
2. Die Milch leicht erwärmen, in die Mulde gießen und so lange rühren, bis die Hefe sich aufgelöst hat. Den Vorteig mit einem Tuch abdecken und ihn an einem warmen Ort etwa ¼ Stunde gehen lassen.
3. Inzwischen die Margarine oder die Butter schmelzen lassen und mit dem Ei und etwas Salz verrühren.
4. Zeigt der Vorteig Blasen, wird die Fettmischung dazugegeben. Alles zu einem glatten Teig verarbeiten. Diesen zugedeckt etwa ½ Stunde an einem warmen Ort gehen lassen.
5. Inzwischen das Grahammehl mit dem Fruchtzucker und dem Fett auf eine Arbeitsfläche geben und alles mit den Händen zu groben Streuseln verkneten.
6. Aus dem Teig 20 runde Brötchen formen. Sie mit Eiweiß bestreichen und die Streusel darauf verteilen. Die Brötchen auf ein gefettetes Backblech setzen und bei 180° C etwa 25 Minuten backen.

Zeit zum Gehen: mind. ¾ Std.
Backzeit: ca. 25 Min.
ca. 164 kcal • 2 BE • 19 mg Chol.

Kartoffelbrot *

Für 24 Scheiben

---

500 g Weizenmehl Type 1050
1 Würfel Hefe
1 Prise Fruchtzucker
¼ l Wasser
3 große Kartoffeln
1 TL Salz
150 g Natursauerteig

---

1. Das Mehl in eine Schüssel sieben und in die Mitte eine Mulde drücken. Die Hefe hineinbröckeln und etwas Fruchtzucker dazugeben.
2. Das Wasser leicht erwärmen, in die Mulde gießen und so lange rühren, bis die Hefe sich aufgelöst hat. Den Vorteig mit einem Tuch abdecken und an einem warmen Ort so lange gehen lassen, bis er Blasen zeigt.
3. Die Kartoffeln waschen, schälen, in wenig Salzwasser garen, abkühlen lassen und fein reiben.
4. Das Salz auf dem Mehlrand in der Schüssel verteilen. Den Sauerteig und den Kartoffelschnee zu dem Vorteig geben. Alles zu einem Teig verkneten. Diesen auf einer bemehlten Arbeitsfläche kräftig durchwalken. Eine Teigkugel formen und diese gut zugedeckt etwa 1 Stunde gehen lassen.

5. Den Teig noch einmal gut durchkneten, zu einem Brotlaib formen, kreuzweise einschneiden und auf ein gefettetes Backblech setzen. Das Brot etwa ½ Stunde gehen lassen. Sein Volumen sollte sich verdoppeln.
6. Das Kartoffelbrot bei 220° C etwa 1 Stunde backen. Dabei sollte eine Tasse mit Wasser auf dem Boden des Backofens stehen, damit sich Wasserdampf bilden kann.

Zeit zum Gehen: mind. 1 ¾ Std.
Backzeit: ca. 1 Std.
ca. 90 kcal • 1,5 BE • 0 mg Chol.

Bergischer Stuten *

Für 24 Scheiben

500 g Weizenmehl Type 1050
1 Würfel Hefe
40 g Fruchtzucker
¼ l Milch 1,5 % Fett
70 g Margarine oder Butter
1 Ei, 1 Prise Salz
50 g Rosinen, 50 g gehackte Mandeln

1. Das Mehl in eine Schüssel sieben und in die Mitte eine Mulde drücken. Die Hefe hineinbröckeln und den Fruchtzucker darüberstreuen.
2. Die Milch leicht erwärmen, in die Mulde gießen und so lange rühren, bis die Hefe sich aufgelöst hat. Den Vorteig abgedeckt an einem warmen Ort etwa ¼ Stunde gehen lassen.
3. Inzwischen die Butter oder die Margarine schmelzen lassen und mit dem Ei sowie etwas Salz verrühren.
4. Zeigt der Vorteig Blasen, wird die Fettmischung dazugegeben. Alles zu einem glatten Teig verarbeiten. Ihn zugedeckt etwa ¼ Stunde an einem warmen Ort gehen lassen.
5. Die Rosinen und die Mandeln unter den Teig arbeiten, diesen in eine gefettete Kastenform füllen und so lange gehen lassen, bis er bis knapp unter den Formrand reicht.
6. Den Bergischen Stuten bei 180° C etwa 50 Minuten backen. Ihn nach dem Backen 5 Minuten in der Form ruhen lassen, auf ein Gitter stürzen, abdecken und auskühlen lassen.

Zeit zum Gehen: mind. ¾ Std.
Backzeit: ca. 50 Min.
ca. 125 kcal • 1,5 BE • 16 mg Chol.

Gewürzbrot *

Für 25 Scheiben

250 g Weizenmehl Type 1050
250 g Roggenmehl Type 1370
1 Würfel Hefe
1 TL Fruchtzucker
¼ l Wasser
1 EL Salz
1 EL Kümmel
1 EL gemahlener Fenchel
1 EL gemahlener Koriander
1 EL gemahlener Anis
100 g Natursauerteig

1. Die Mehlsorten in einer Schüssel mischen und in die Mitte eine Mulde drücken. Die Hefe hineinbröckeln und den Fruchtzucker darüberstreuen.
2. Das Wasser leicht erwärmen, in die Mulde gießen und so lange rühren, bis die Hefe sich aufgelöst hat. Den Vorteig mit einem Tuch abdecken und an einem warmen Ort so lang gehen lassen, bis er Blasen zeigt.
3. Das Salz, die Gewürze und den Sauerteig zum Vorteig geben. Alles zu einem glatten Teig verkneten und diesen auf einer bemehlten Arbeitsfläche kräftig durchwalken. Eine Teigkugel formen und sie zugedeckt etwa 1 Stunde gehen lassen.
4. Den Teig kurz durchkneten, zu einem Brotlaib formen, diesen auf ein gefettetes Backblech legen und etwa ¼ Stunde gehen lassen.

5. Das Brot dreimal diagonal einschneiden und es bei 200°C etwa 1 Stunde backen. Dabei sollte eine Tasse mit Wasser auf dem Boden des Backofens stehen, damit sich Wasserdampf bilden kann.

Zeit zum Gehen: mind. 1 ½ Std.
Backzeit: ca. 1 Std.
ca. 72 kcal • 1 BE • 0 mg Chol.

Kräuterbrot *

Für 22 Scheiben

250 g Weizenmehl Type 1050
250 g Grahammehl Type 1700
1 Würfel Hefe
1 Prise Fruchtzucker
¼ l Wasser
2 TL Salz
1 EL Öl
100 g Natursauerteig
150 g Kräuter nach Belieben

1. Das ganze Mehl in eine Schüssel sieben und in die Mitte eine Mulde drücken. Die Hefe hineinbröckeln und etwas Fruchtzucker dazugeben.
2. Das Wasser leicht erwärmen, in die Mulde gießen und so lange rühren, bis die Hefe sich aufgelöst hat. Den Vorteig abdecken und an einem warmen Ort so lange gehen lassen, bis er Blasen zeigt.
3. Das Salz auf dem Mehlrand verteilen. Das Öl und den Sauerteig zu dem Vorteig geben. Alles zu einem Teig verkneten und diesen auf einer bemehlten Arbeitsfläche kräftig durchwalken. Eine Kugel formen und sie etwa ¾ Stunden gehen lassen.

4. Die Kräuter waschen und fein hacken. Dann den Teig zu einem 30 x 50 cm großen Rechteck ausrollen, die Kräuter darauf streuen und die Teigplatte von der Längsseite her zusammenrollen.
5. Die Teigrolle in eine ausgefettete Kastenform legen. Den Laib der Länge nach etwa 1 cm tief einschneiden, abdecken und so lange gehen lassen, bis sein Volumen sich etwa verdoppelt hat. Das Kräuterbrot bei 200°C etwa ¾ Stunden backen.

Zeit zum Gehen: mind. 1 ¼ Std.
Backzeit: ca. ¾ Std.
ca. 91 kcal • 1,5 BE • 0 mg Chol.

Verzierungen

Kuvertüre

Für 100 Gramm

80 g Vollmilch-, Zartbitter- oder Mokka-
schokolade (Diätprodukt)

2 EL Biskin (ca. 40 g)

1. Die Schokolade sehr fein raspeln.
2. Das Biskin in einem Topf schmelzen und etwas abkühlen lassen. Die
Schokoladenraspel unter ständigem
Rühren dazugeben.
3. Die Kuvertüre gleich nach dem
Anrühren verbrauchen. Soll sie länger flüssig bleiben, dann den Topf ins
Wasserbad stellen. Ist die Kuvertüre
fest geworden, läßt sie sich im Wasserbad wieder streichfähig machen.

pro 100 g ca. 635 kcal • 3 BE •
0 mg Chol.

_____ TIP _____

Sie verfeinern den Geschmack,
indem Sie 1 cl Rum, Kirschwasser oder einen anderen
Branntwein darunterrühren.

Puderzucker

Eine gewünschte Menge Fruchtzucker im Mixaufsatz einer Küchen-
maschine oder in einem Mörser zu
Puderzucker mahlen.

Fruchtzuckerglasur

Für 100 Gramm

80 g Fruchtzucker

2 EL Biskin (ca. 40 g)

1. Aus dem Fruchtzucker entsprechend der vorherigen Anweisung
Puderzucker herstellen.
2. Das Biskin in einem Topf schmelzen und etwas abkühlen lassen. Den
Puderzucker unter ständigem Rühren
dazugeben.
3. Die Fruchtzuckerglasur gleich
nach dem Anrühren verbrauchen.
Soll sie länger flüssig bleiben, dann
den Topf ins Wasserbad stellen. Ist
die Glasur fest geworden, läßt sie sich
nicht wieder streichfähig machen.

pro 100 g ca. 499 kcal • 6,5 BE •
0 mg Chol.

_____ TIP _____

Sie können den Geschmack
der Fruchtzuckerglasur verfeinern, indem Sie Aromenpulver
(z.B. Vanille- oder Zitronenschalenaroma) darunter-
rühren. Verwenden Sie keine
flüssigen Aromen, da sich
sonst Fett und Zucker trennen
und die Glasur nicht wieder
glattzurühren ist.

Honigmarzipan

Für 100 Gramm

90 g geschälte Mandeln
1 EL flüssiger Honig
1 cl Rum

1. Die Mandeln sehr fein mahlen und mit dem Honig und dem Rum zu einer geschmeidigen Masse verarbeiten.
2. Wird das Honigmarzipan nicht sofort verbraucht, sollte es gut verschlossen im Kühlschrank aufbewahrt werden. So hält es sich etwa 1 Monat.

pro 100 g ca. 593 kcal • 1,5 BE •
0 mg Chol.

Honigmarzipanmöhren

Für 16 Stück

100 g Honigmarzipan
etwas rote Lebensmittelfarbe
16 geschälte Pistazien

1. Entsprechend dem vorherigen Rezept 100 g Honigmarzipan herstellen und daraus mit den Händen 16 kleine Möhren formen.
2. Sie mit wenig Lebensmittelfarbe bestreichen.
3. In jede Möhre eine Pistazie stecken. Damit soll das Möhrengrün angedeutet werden.

pro 100 g ca. 593 kcal • 1,5 BE •
0 mg Chol.

Marzipanspitzen

50 g Honigmarzipan
1 EL Zartbitterkuvertüre

1. Entsprechend dem nebenstehenden Rezept 50 g Honigmarzipan herstellen. Dieses zu einem etwa 4 cm breiten und 6 cm langen Streifen ausrollen.
2. Aus der Marzipanplatte 16 gleich große Dreiecke schneiden.
3. Eine kleine Spritztüte aus Pergamentpapier drehen. Das Loch sollte ganz winzig sein.
4. Entsprechend dem nebenstehenden Rezept 25 g Zartbitterkuvertüre herstellen oder von einer größeren Menge Kuvertüre 1 Eßlöffel abnehmen.
5. Die Kuvertüre in die Spritztüte füllen und die Marzipanspitzen mit dem Wort »Herren« beschriften.

pro Marzipanspitze ca. 79 kcal •
¼ BE • 3 mg Chol.

Krokant

Für 200 Gramm

1 walnußgroßes Stück Butter
40 g Fruchtzucker
160 g geschälte, gehackte Mandeln

1. Die Butter in einer Pfanne schmelzen lassen, den Fruchtzucker dazugeben und unter ständigem Rühren ebenfalls schmelzen lassen. **2.** Die Mandeln zu der Fett-Zucker-Masse geben und unter ständigem Rühren alles hellbraun werden lassen. **3.** Den Krokant sofort auf ein geöltes Backpapier streichen, auskühlen lassen und zerkrümeln. **4.** Der Fruchtzuckerkrokant hält sich im Kühlschrank gut verschlossen mindestens 2 Monate.

pro 100 g ca. 635 kcal • 2 BE • 24 mg Chol.

Krokantecken

Für 16 Ecken

200 g Krokant

1. Entsprechend dem vorherigen Rezept 200 g Krokant herstellen und diesen in Form eines 4 cm breiten und 6 cm langen Streifens auf eingeöltes Backpapier streichen. **2.** Die Krokantmasse bei Zimmertemperatur so lange stehen lassen, bis sie sich gerade noch schneiden läßt. **3.** Aus dem Krokantstreifen nun 16 gleich große Dreiecke schneiden und sie im Kühlschrank fest werden lassen.

pro Krokantecke ca. 79 kcal • ¼ BE • 3 mg Chol.

_____ TIP _____

Frisch schmeckt der Krokant am besten.

Rezeptverzeichnis

NÜTZLICHE RATGEBER

EINE AUSWAHL

Stand: Frühjahr 1991

Essen und Trinken

Meine feine Bürgerliche Küche
(4411-9) Von E. Falout, 160 S., 119 Farbfotos, Pappband. ●●●

Kochen für 1 Person
Rationell wirtschaften, abwechslungsreich und schmackhaft zubereiten. (0586-5) Von M. Nicolin, 104 S., 8 Farbtafeln, 23 Zeichnungen, kart. ●

Schnell und individuell
Die raffinierte Single-Küche
(4266-3) Von F. Faist, 160 S., 151 Farbfotos, Pappband. ●●●

Für Kenner und Genießer **Lamm**
(1090-7) Von H. Imhof, 64 S., 50 Farbfotos, Pappband. ●

Frischer Fang aus Fluß und Meer **Fisch**
(0964-X) Von L. Grieser, 64 S., 69 Farbfotos, Pappband. ●

Edler Kern in harter Schale **Meeresfrüchte**
(0886-4) Von L. Grieser, 48 S., 52 Farbfotos, Pappband. ●

Gaumenfreuden Tag für Tag
Pfannengerichte
(1007-9) Von S. Fabke, 64 S., 54 Farbfotos, Pappband. ●

Von Tatar und falschen Hasen **Hackfleisch**
(0866-X) Von A. und G. Eckert, 64 S., 42 Farbfotos, Pappband. ●

Aus eigener Küche **Gute Wurst**
(0948-8) Von J. Bessel, G. Quaas, 80 S., 8 Farbtafeln, kart. ●

Aus lauter Lust und Liebe **Knoblauch**
(0867-8) Von L. Reinirkens, 64 S., 45 Farbfotos, Pappband. ●

Kochen und würzen mit **Paprika**
(0792-2) Von A. und G. Eckert, 88 S., 8 Farbtafeln, kart. ●

Bintje, Irmgard und Sieglinde
Kartoffeln
(1032-X) Von S. Fabke, 64 S., 43 Farb- und 1 s/w-Foto, Pappband. ●

Leicht und lecker
Nudelgerichte
Die besten Rezepte aus der 3 GLOCKEN-Feinschmecker-Küche.
(0466-4) Von Chr. Stephan, 80 S., 8 Farbtafeln, kartoniert. ●

Pasta in Höchstform **Nudeln**
(0884-8) Von M. Kirsch, 64 S., 62 Farbfotos, Pappband. ●

Kräftig klar und cremig zart **Feine Suppen**
(1031-1) Von H. Imhof, 64 S., 48 Farbfotos, Pappband. ●

Herzhaftes für Leib und Seele **Eintöpfe**
(0820-1) Von P. Klein, 48 S., 30 Farbfotos, Pappband. ●

Spezialitäten unter knuspriger Decke
Aufläufe
(0882-1) Von C. Adam, 48 S., 33 Farbfotos, Pappband. ●

In Hülle und Fülle **Pasteten und Terrinen**
(0883-X) Von M. Kirsch, 48 S., 62 Farbfotos, Pappband. ●

Die Krönung der feinen Küche **Saucen**
(0817-1) Von G. Cavestri, 48 S., 40 Farbfotos, Pappband. ●

Schlank und köstlich **Spargel**
(1005-2) Von M. Kirsch, 64 S., 44 Farbfotos, Pappband. ●

Von Aubergine bis Zucchini **Gemüse**
(1061-3) Von H. Cohrs, 64 S., 39 Farbfotos, Pappband. ●

Statt Breakfast und Lunch **Brunch**
(1033-8) Von C. Adam, 64 S., 49 Farbfotos, Pappband. ●

Die schönsten Rezepte für
Frühstück und Brunch
(1063-X) Von K. Kruse-Schorling, 80 S., 8 Farbtafeln, kart. ●

Mit Lust und Liebe
Kochen mit den Meistern
(4445-3) 176 S., 132 Farbfotos, 50 Graffiti, Pappband. ●●●●

Zaubern mit der schnellen Welle
Die neue Mikrowellenküche
(4289-2) Von F. Faist, 208 S., 188 Farbfotos, Pappband. ●●

Schnell auf den Tisch gezaubert
Kochen mit Mikrowellen
(0818-X) Von A. Danner, 64 S., 52 Farbfotos, Pappband. ●

Knusprig braten und backen im
Mikrowellen-Kombigerät
(0996-X) Von T. Peters, 128 S., 108 Farbfotos, kartoniert. ●●

Leicht und vitaminreich
Vegetarische Mikrowellenküche
(0995-X) Von F. Faist, 118 S., 103 Farbfotos, kartoniert. ●●

Schnell und individuell
Mikrowellenküche für Singles
(0997-6) Von A. Görgens, 118 S., 103 Farbfotos, kartoniert. ●●

Vom ersten Versuch zum Menü
Mikrowellenküche leicht gemacht
(0994-1) Von T. Peters, 112 S., 96 Farbfotos, kartoniert. ●●

Zart gedünstet, schonend gegart
Fischgerichte aus der Mikrowellenküche
(1092-3) Von A. Ilies, 96 S., 106 Farbfotos, kartoniert. ●●

Köstliches ganz schnell gezaubert
Aufläufe aus der Mikrowellenküche
(1093-1) Von K. Kruse-Schorling, 96 S., 89 Farbfotos, kartoniert. ●●

Natürlich Kochen im
Mikrowellen-Römertopf
(0947-X) Von F. Faist, 96 S., 8 Farbtafeln, kartoniert. ●

Das neue Fritieren
geruchlos, schmackhaft und gesund.
(0365-X) Von P. Kühne, 88 S., 8 Farbtafeln, kart. ●

Goldbraun und knusprig
Fritierte Leckerbissen
(0868-6) Von F. Faist, 64 S., 47 Farbfotos, Pappband. ●

Schnell und gut gekocht
Die tollsten Rezepte für den Schnellkochtopf
(0265-3) Von J. Ley, 96 S., 8 Farbtafeln, kart. ●

Italienische Vorspeisen **Antipasti**
(1006-0) Von S. Reiter-Westphal, 64 S., 47 Farbfotos, Pappband. ●

Schlemmerreise durch die
Italienische Küche
(4172-1) Von V. Pifferi, 160 S., 109 Farbfotos, Pappband. ●●●

Schlemmen wie bei Mamma Maria
Pizzas
(0815-5) Von F. Faist, 64 S., 62 Farbfotos, Pappband. ●

Spaghetti, Tagliatelle + Co.
Pasta all'Italiana
(1004-4) Von I. Seyric, 64 S., 57 Farbfotos, Pappband. ●

Pikantes und Süßes mit französischem Charme **Bistro-Küche**
(4428-3) Von V. Müller, 160 S., 130 Farbfotos, Pappband. ●●●

Schlemmerreise durch die
Französische Küche
(4296-5) Von H. Imhof, 160 S., 147 Farbfotos, 3 s/w-Fotos, Pappband. ●●●

Schlemmerreise durch die
Chinesische Küche
(4184-5) Von K. H. Jen, 160 S., 117 Farbfotos, Pappband. ●●●

Verheißungsvoll fernöstlich
Spezialitäten aus dem Wok
(0933-X) Von K. H. Jen, 64 S., 56 Farbfotos, Pappband. ●

Mit Lust und Liebe **Chinesisch Kochen**
(4441-0) Von Ho Fu-Lung, Uli Franz, 176 S., 189 Farbfotos, 29 Zeichnungen, Pappband. ●●●●

Mehr Freude und Erfolg beim **Grillen**
(4141-1) Von A. Berliner, 160 S., 147 Farbfotos, 10 farbige Zeichnungen, Pappband. ●●●

Köstliches von Rost und Spieß **Grillen**
(0931-3) Von A. Kalcher-Dähn, H. K. Kalcher, 64 S., 43 Farbfotos, Pappband. ●

Rezepte rund um Raclette und
Doppeldecker
(0420-6) Von J. W. Hochscheid, 72 S., 8 Farbtafeln, kart. ●

Schlemmen in geselliger Runde
Fleischfondues
(0966-6) Von M. Spötter, 64 S., 62 Farbfotos, Pappband. ●

Fondues und Raclettes
(4253-1) Von F. Faist, 160 S., 125 Farbfotos, Pappband. ●●●

Die hier vorgestellten Bücher, Videokassetten und Software sind in folgende Preisgruppen unterteilt:

● Preisgruppe bis DM 10,–/S 79,–/SFr 10,–   ●●● Preisgruppe über DM 20,– bis DM 30,–   ●●●● Preisgruppe über DM 30,– bis DM 50,–
●● Preisgruppe über DM 10,– bis DM 20,–   S 161,– bis S 240,–   S 241,– bis S 350,–
S 80,– bis S 160,–   SFr 20,– bis SFr 29,–   SFr 29,– bis SFr 48,–
SFr 10,– bis SFr 20,–   ●●●●● Preisgruppe über DM 50,–/S 401,–/SFr 48,–   *(unverbindliche Preisempfehlung)
Die Preise entsprechen dem Status beim Druck dieses Verzeichnisses (s. Seite 1) – Änderungen, im besonderen der Preise, vorbehalten –

Falken-Verlag GmbH · Postfach 1120    FALKEN   **D-6272 Niedernhausen/Ts. · Tel.: 0 61 27/70 20**

Schmelzendes Käsevergnügen **Raclette**
(**0881**-3) Von F. Faist, 48 S., 33 Farbfotos,
Pappband. ●

Kulinarischer Feuerzauber **Flambieren**
(**4294**-9) Von R. Wesseler, 120 S., 100 Farbfotos, Pappband. ●●●

Das köstliche knackige Schlemmer-
vergnügen **Salate**
(**4165**-9) Von V. Müller, 160 S., 80 Farbfotos,
Pappband. ●●●

Gartenfrisch genießen
Feine Salate
(**4450**-X) Von P. Nikolay, 160 S., 122 Farbfotos, Pappband. ●●

Köstliche Salate
zum Verwöhnen
(**0222**-X) Von Chr. Schönherr, 96 S., 8 Farbtafeln, 30 Zeichnungen, kartoniert. ●

Frisch und leicht als Hauptgericht
Schlemmersalate
(**0934**-8) Von C. Adam, 64 S., 49 Farbfotos,
Pappband. ●

Köstlich frisch auf den Tisch
Rohkostsalate
(**0865**-1) Von C. Adam, 48 S., 26 Farbfotos,
Pappband. ●

Raffiniert und gesund würzen
Kräuterküche
(**0869**-4) Von A. Görgens, 48 S., 43 Farbfotos, Pappband. ●

Miekes Kräuter- und Gewürzkochbuch
(**0323**-1) Von I. Persy, K. Mieke, 88 S.,
4 Farbtafeln, kartoniert. ●

Joghurt, Quark, Käse und Butter
Schmackhaftes aus Milch hausgemacht.
(**0739**-6) Von M. Bustorf-Hirsch, 32 S.,
59 Farbabb., Pappband. ●

Gesund und vielseitig **Alles mit Joghurt**
täglich selbstgemacht, mit vielen Rezepten.
(**0382**-6) Von G. Volz, 64 S., 8 Farbtafeln,
kartoniert. ●

Locker, flockig, leicht …
Müsli & Co
(**0965**-8) Von C. Adam, 64 S., 42 Farbfotos,
Pappband. ●

Bärenstark und kerngesund
Vollwertkost für Kinder
(**0968**-2) Von S. Reiter, 64 S., 44 Farbfotos,
Pappband. ●

Gesunde Ernährung für mein Kind
(**0776**-6) Von M. Bustorf-Hirsch, 112 S.,
8 Farbtafeln, 5 s/w-Zeichnungen, kart. ●

Das Getreidemühlenkochbuch
(**1017**-6) Von M. Bustorf-Hirsch, 112 S.,
8 Farbtafeln, kartoniert. ●

Meine Vollkornküche
Herzhaftes von echtem Schrot und Korn
(**0858**-9) Von S. Walz, 96 S., 8 Farbtafeln,
kartoniert. ●

Die verlockende Alternative
Süße Vollwertküche
(**0936**-4) Von A. Roßmeier, 64 S., 50 Farbfotos, Pappband. ●

Die gesunde Art, sich zu verwöhnen
Vollwertküche für Singles
(**0937**-2) Von A. Görgens, 64 S., 43 Farbfotos, Pappband. ●

Dinkel, Hirse, Roggenkorn …
Kerniges aus der Getreideküche
(**0932**-1) Von S. Frank, 64 S., 49 Farbfotos,
Pappband. ●

Die feine Vollwertküche
(**4286**-8) Von M. Bustorf-Hirsch, 160 S.,
83 Farbfotos, Pappband. ●●●

Mit Lust und Liebe …
Vollwertküche für Genießer
(**4412**-4) Von Prof. Dr. C. Leitzmann, H. Million, 256 S., 329 Farbfotos, Pappband.
●●●●

Die feine Vegetarische Küche
(**4235**-3) Von F. Faist, 160 S., 191 Farbfotos,
Pappband. ●●●

**Schmackhafte Vollwertkost ohne
tierisches Eiweiß**
(**0993**-3) Von M. Bustorf-Hirsch, 96 S.,
54 Farbfotos, kartoniert. ●●

Cholesterinarm kochen und genießen
(**4442**-9) Von R. Unsorg, 168 S., 132 Farbfotos, kartoniert. ●●●

Die aktuelle **Cholesterintabelle**
(**1088**-5) Von Dr. H. Oberritter, 84 S.,
12 zweifarbige Grafiken, kartoniert. ●

**Die aktuelle Vitamin- und
Mineralstofftabelle**
Mit Angaben zu den wichtigsten Vitaminen
und Mineralstoffen
(**1110**-5) Von Dr. H. Oberritter, 88 S., 1 zweifarbige Grafik, kart. ●

Vollwertküche für Diabetiker
Köstlich kochen und backen für die ganze
Familie
(**4473**-9) Von Prof. Dr. C. Leitzmann, Prof. Dr.
H. Laube, H. Million, 168 S., 172 Farbfotos,
8 Zeichnungen, Pappband. ●●●●

Kochen und backen für Diabetiker
Gesund und schmackhaft für die ganze
Familie
(**4467**-4) Von Dr. med. M. Toeller, W. Schu-
macher, A. Groote, Dr. troph. A. Klischan,
176 S., 182 Farbfotos, Pappband. ●●●●

Würzig kochen ohne Salz
(**0922**-4) Von S. Roediger-Streubel, 160 S.,
16 Farbtafeln, kart. ●●

Die Sojaküche
Gesund und abwechslungsreich essen
(**0894**-5) Von U. Kolster, 80 S., 8 Farbtafeln,
kart. ●

**Gesund kochen mit Keimen und
Sprossen**
(**0794**-9) Von M. Bustorf-Hirsch, 96 S.,
4 Farbtafeln, 13 s/w-Farbfotos, kart. ●

Keime und Sprossen in der Naturküche
(**4299**-X) Von M. Bustorf-Hirsch, 96 S.,
144 Farbfotos, Pappband. ●●

Waffeln
Hörnchen, Pfannkuchen und Crêpes.
(**0522**-9) Von C. Stephan, 64 S., 8 Farbtafeln,
kart. ●

Mehr Freude und Erfolg beim
Brotbacken
(**4148**-9) Von A. und G. Eckert, 160 S.,
177 Farbfotos, Pappband. ●●●

Meine Vollkornbackstube
Brot · Kuchen · Aufläufe. (**0616**-0) Von
R. Raffelt, 96 S., 4 Farbtafeln, 12 Zeich-
nungen, kartoniert. ●

Die feine Vollkornbackstube
(**4474**-7) Von M. Bustorf-Hirsch, 160 S.,
128 Farbfotos, Pappband. ●●●

Mit Körnern, Zimt und Mandelkern
Vollkorngebäck
(**0816**-3) Von M. Bustorf-Hirsch, 48 S.,
39 Farbfotos, Pappband. ●

Knusprig, kernig, urgesund **Vollkornbrot**
(**0938**-0) Von S. Reiter, 64 S., 46 Farbfotos,
Pappband. ●

Weihnachtsbäckerei
Köstliche Plätzchen, Stollen, Honigkuchen
und Festtagstorten.
(**0682**-9) Von M. Sauerborn, 32 S., 34 Farbfotos, Pappband. ●

Meine Weihnachtsbackstube
(**5163**-8) Von M. Sauerborn, 32 S., 23 Farbfotos, mit Vorlagebogen in Originalgröße,
kart. ●

Süße Verführungen **Desserts**
(**0885**-6) Von M. Bacher, 64 S., 75 Farbfotos,
Pappband. ●

Süße Geheimnisse eiskalt gelüftet
Eis und Sorbets
(**0870**-8) Von H. W. Liebheit, 48 S., 38 Farbfotos, Pappband. ●

Raffiniertes mit
Eis
Drinks/Desserts/Eissorten
(**1029**-X) Von F. Hoffmann, 64 S., 74 Farbfotos, Pappband. ●

Zart schmelzende Versuchungen
Schokolade
(**0819**-8) Von J. Schroer, 48 S., 53 Farbfotos,
Pappband. ●

Haltbarmachen in der Öko-Küche
Gesunde Konservierungsmethoden für Obst,
Gemüse, Kräuter und Pilze. (**0923**-2) Von
M. Bustorf-Hirsch, 120 S., 92 Farbabb., kart.
●●

Komm, koch und back mit mir
Kunterbuntes Kochvergnügen für Kinder.
(**4285**-X) Von S. und H. Theilig, illustriert von
B. v. Hayek, 112 S., 45 Farbabb., Pappband.
●●

Lirum, larum, Löffelstiel …
Kinder kochen mit Knuddel
(**1094**-X) Von U. Bültjer, 80 S., 27 zweifarbige Zeichnungen, kart. ●

Mit Lust und Liebe **Kalte Platten & Buffets**
Anrichten und Garnieren
(**4427**-5) Von P. Grotz, 176 S., 228 Farbfotos,
Pappband. ●●●

Garnieren und Verzieren
(**4236**-1) Von R. Biller, 160 S., 329 Farbfotos,
57 Zeichnungen, Pappband. ●●●

Köstlichkeiten für Gäste und Feste
Kalte Platten
(**4200**-0) Von I. Pfliegner, 160 S., 130 Farbfotos, Pappband. ●●●

Wenn Gäste kommen …
Kalte Küche
(**1060**-5) Von A. Ilies, 64 S., 49 Farbfotos,
Pappband. ●

Raffiniert und vielseitig
Toasts und Sandwiches
(**1109**-1) Von R. und T. Donhauser, 64 S.,
52 Farbfotos, Pappband. ●

Fein und raffiniert
Canapés und kleine Köstlichkeiten
(**0963**-1) Von H. Imhof, 64 S., 53 Farbfotos,
Pappband. ●

Festlich kochen und backen
für Advent und Weihnachten
(**4443**-7) Von A. Guter, 96 S., 66 Farbfotos,
1 s/w-Foto, Pappband. ●

Der perfekt gedeckte Tisch
(**1028**-1) Von H. Tapper, 80 S., 161 Farbfotos,
13 Zeichnungen, kartoniert. ●●

Der schön gedeckte Tisch
Vom einfachen Gedeck bis zur Festtafel
stimmungsvoll und perfekt arrangiert.
(**4246**-1) Von H. Tapper, 112 S., 206 Farbfotos, 21 s/w-Abbildungen, Pappband. ●●●

Servietten falten
80 Ideen für schön gedeckte Tische
(**1042**-7) Von M. Müller, O. Mikolasek, 80 S.,
289 Farbfotos, 50 Zeichnungen, kartoniert.
●●

**Phantasievolle Tischdekorationen selber
machen**
(**0984**-4) Von Y. Thalheim, H. Nadolny, 80 S.,
174 Farbfotos, 21 Zeichnungen, kart. ●●

Tischkarten dekorativ gestalten
aus allerlei Material für viele Anlässe
(**0946**-1) Von H. York, 32 S., 108 Farbfotos,
Pappband. ●

Servietten dekorativ falten
Geschmackvolle Anregungen aus Stoff und
Papier. **(0804**-X) Von H. Tapper, 32 S.,
134 Farbfotos, Pappband. ●

Tee für Genießer
Sorten · Riten · Rezepte
(0356-0) Von M. Nicolin, 64 S., 4 Farbtafeln,
kart. ●

Weine und Säfte, Liköre und Sekt
selbstgemacht.
(0702-7) Von P. Arauner, 232 S., 76 Abb.,
kart. ●●

Fruchtig, spritzig, eisgekühlt
Mixen ohne Alkohol
(0935-6) Von S. Späth, 64 S., 44 Farbfotos,
Pappband. ●

Mit und ohne Alkohol
Longdrinks
(1062-1) Von S. Edelberg, 64 S., 47 Farbfotos, Pappband. ●

Cocktails
(4267-1) Von W. R. Hoffmann, W. Hubert,
U. Lottring, 160 S., 164 Farbfotos, 1 s/w-Foto,
Pappband. ●●●

Cocktails und Mixereien
für häusliche Feste und Feiern. **(0075**-8) Von
J. Walker, 96 S., 4 Farbtafeln, kart. ●

Die besten Punsche, Grogs und Bowlen
(0575-X) Von F. Dingden, 64 S., 4 Farbt.,
kart. ●

SLIM
Der neue, individuelle Schlankheitsplan.
(4277-9) Von Prof. Dr. E. Menden, W. Aign,
120 S., 440 Farbfotos, Pappband. ●●●

Schlank werden nach Dr. Hay **Trennkost**
Die bewährten Vollwert-Rezepte von Ursula
Summ. **(4298**-1) Von U. Summ, 96 S., 54
Farbfotos, 1 Zeichnung, kart. ●●

Gesund leben nach Dr. Hay
Cholesterinarme Trennkost
Neue Vollwert-Rezepte von Ursula Summ
(4475-5) Von U. Summ, 96 S., 52 Farbfotos,
kart. ●●

Eßlust statt Diätfrust
Die Pfundskur
(1102-4) Von Prof. Dr. V. Pudel, 144 S.,
8 s/w-Zeichnungen, 4 Vignetten, kartoniert. ●

Schlank nach Maß
mit der Diät-Computerwaage
(1064-8) Von K. Alisch, 104 S., 8 Farbtafeln,
kart. ●

Gesundes Essen für Berufstätige
Die 4-Wochen-Vollwertkur
(1065-6) Von M. Weber, ca. 80 S., 8 Farbtafeln, kart. ●

Hobby und Freizeit

Falken-Handbuch
Zeichnen und Malen
(4167-5) Von B. Bagnall, 336 S., 1154 Farbabb., Pappband. ●●●●●

Punkt, Punkt, Komma, Strich
Zeichenstunde für Kinder
(0564-4) Von H. Witzig, 144 S., über
250 Zeichnungen, kart. ●

Einmal grad und einmal krumm
Zeichenstunde für Kinder
(0599-7) Von H. Witzig, 144 S., 363 Abb.,
kartoniert. ●

Figürliches Zeichnen
leicht gemacht
(1010-9) Von H. Witzig, 112 S., 462 Figuren,
kartoniert. ●

Airbrush
Kreatives Gestalten mit dem Luftpinsel
(1133-4) Von C. M. Mette, 80 S., 145 Farbfotos, 40 Farbzeichnungen, kartoniert. ●●

**Spielend zeichnen lernen mit den
Montagsmalern**
(0974-7) Von G. Lages, Sigi Harreis, 112 S.,
326 s/w-Zeichnungen, kartoniert. ●●

Kalligraphie
Die Kunst des schönen Schreibens
(4263-9) Von C. Hartmann, 120 S., 44 Farb-
vorlagen, 29 s/w-Vorlagen, 2 s/w-Zeich-
nungen, 38 Farbfotos, Pappband. ●●●●

Gestalten mit Schrift
Kalligraphie
(1044-3) Von I. Schade, 80 S., 2 Farb- und
1 s/w Foto, 143 Farbzeichnungen, kartoniert.
●●

Aquarellmalerei leicht gelernt
Materialien · Techniken · Motive.
(0787-6) Von T. Hinz, R. Braun, B. Zeidler,
32 S., 38 Farbfotos, 1 Zeichn., Pappband. ●

Hobby Aquarellmalen
Landschaft und Stilleben.
(0876-7) Von I. Schade, A. Brück, 80 S.,
111 Farbabb., kart. ●●

Hobby Ölmalerei
Landschaft und Stilleben.
(0875-9) Von H. Kämper, I. Becker, 80 S.,
93 Farbabb., kart. ●●

Hobby Bauernmalerei
(0436-2) Von S. Ramos und J. Roszak, 80 S.,
116 Farbfotos und 28 Motivvorlagen, kart. ●●

Seidenmalerei in Vollendung
(4414-3) Hrsg. von R. Smend, 160 S., 227
Farbfotos, 36 s/w-Fotos, geprägter Leineneinband mit Schutzumschlag, im Schuber,
DM 98,–, S 784,–, SFr 94,10

Seidenmalerei und Modedesign
Modelle · Techniken · Schnittmuster
(4476-3) Von B. Hansen, 176 S., 140 Farbfotos, 93 Farb-, 68 s/w-Zeichnungen, Pappband. ●●●●

Seidenmalerei als Kunst und Hobby
(4264-7) Von S. Hahn, 136 S., Farbabb.,
1 s/w-Foto, Pappband. ●●●●

Neue zauberhafte Seidenmalerei
Motive und Anregungen aus der Natur.
(0924-0) Von R. Henge, 80 S., 148 Farbfotos,
27 s/w-Zeichnungen, kart. ●●

Kunstvolle Seidenmalerei
Mit zauberhaften Ideen zum Nachgestalten
(0783-3) Von I. Demharter, 32 S., 56 Farbfotos, Pappband. ●

Aquarellieren auf Seide
Materialien · Techniken · Motive
(0917-8) Von I. Demharter, 32 S., 41 Farbfotos, Pappband. ●

Seidenmalerei Landschaften
(5153-0) Von D. Kosik, 32 S., 50 Farbfotos,
12 Zeichnungen, mit Vorlagebogen in Originalgröße, kart. ●

Seidenmalerei Kissen
(5151-4) Von I. Demharter, 32 S., 42 Farbfotos, 2 Zeichnungen, mit Vorlagebogen in
Originalgröße, kart. ●

Seidenmalerei Blusen und T-Shirts
(5184-0) Von A. Keller, 32 S., 28 Farbfotos,
12 Zeichnungen, mit Vorlagebogen in Originalgröße, kartoniert. ●

Seidenmalerei Tücher und Schals
(5152-2) Von R. Henge, 32 S., 36 Farbfotos,
1 Zeichnung, mit Vorlagebogen in Originalgröße, kart. ●

Seidenmalerei Taschen und Gürtel
(5194-8) Von S. Tichy-Gibley, 32 S., 30 Farbfotos, 8 Farbzeichnungen, mit Vorlagebogen
in Originalgröße, kartoniert. ●

Seidenmalerei Tiermotive
(5204-9) Von A. Keller, 32 S., 37 Farbfotos,
mit Vorlagebogen in Originalgröße, kart. ●

Serti Designo
Seidenmalerei mit Kreidestiften
(5208-1) Von S. Tichy-Gibley, 32 S., 46 Farbfotos, mit Vorlagebogen in Originalgröße,
kart. ●

Seidenmalerei Lampenschirme
(5154-9) Von I. Walter-Ammon, 32 S., 47
Farbfotos, 1 Zeichnung, mit Vorlagebogen in
Originalgröße, kart. ●

Seidenmalerei Blüten, Blätter, Ranken
(5165-4) Von D. Kosik, 32 S., 35 Farbfotos,
4 Zeichnungen, mit Vorlagebogen in Originalgröße, kart. ●

**Seidenmalerei Schmuckkarten und
Miniaturbilder**
(5166-2) Von I. Walter-Ammon, 32 S., 37
Farbfotos, 2 Zeichnungen, mit Vorlagebogen
in Originalgröße, kart. ●

Seidenmalerei Bilder in Konturentechnik
(5182-4) Von I. Demharter, 32 S., 28 Farbfotos, 2 Zeichnungen, mit Vorlagebogen in
Originalgröße, kartoniert. ●

Seidenmalerei Applikationen
(5224-3) Von J. Bressau, 32 S., 50 Farbfotos,
mit Vorlagebogen in Originalgröße, kartoniert. ●

Falken-Handbuch
Häkeln
ABC der Häkeltechniken und Häkelmuster in
ausführlichen Schritt-für-Schritt-Bildfolgen
(4194-0) Von H. Fuchs, M. Natter, 288 S.,
597 Farbfotos, 476 Farbzeichnungen, Pappband. ●●●●

Das moderne Standardwerk von der Expertin
Perfekt Stricken
Mit Sonderteil Häkeln.
(4250-7) Von H. Jaacks, 256 S., 703 Farb-
fotos, 169 Farb- und 121 s/w-Zeichnungen,
Pappband. ●

Hobby Patchwork und Quilten
(0768-X) Von B. Staub-Wachsmuth, 80 S.,
108 Farbabb., 43 Zeichnungen, kart. ●●

Hobby Spitzencollagen
Bezaubernde Motive aus edlem Material
(0847-3) Von H. Westphal, 80 S., 186 Farbfotos, kart. ●●

Marionetten
selbst bauen und führen
(1043-5) Von D. Köhnen, 80 S., 150 Farbfotos, mit Schnittmusterbogen, kartoniert.
●●

Charakterpuppen
aus Cernit und Porzellan selbst gestalten
(1156-3) Von S. Becker, 64 S., 143 Farbfotos,
30 Zeichnungen, 13 Vignetten, mit Schnittmusterbogen, kartoniert. ●●

Puppen zum Liebhaben
(5199-9) Von B. Wehrle, 32 S., 27 Farbfotos,
9 s/w-Zeichnungen, mit Vorlagebogen in
Originalgröße, kartoniert. ●

Teddybären
Sechs beliebte Modelle
(5159-X) Von Y. Thalheim, H. Nadolny, 32 S.,
46 Farbfotos, 9 Zeichnungen, mit Vorlagebogen in Originalgröße, kart. ●

Heißgeliebte Teddybären
Selbermachen · Sammeln · Restaurieren.
(0900-3) Von H. Nadolny, Y. Thalheim, 80 S.,
119 Farbfotos, 23 s/w-Zeichnungen, 14 S.
Schnittmusterbogen, kart. ●●

Neue zauberhafte Salzteig-Ideen
(0719-1) Von I. Kiskalt, 80 S., 324 Farbfotos,
12 Zeichnungen, Schablonen, kart. ●●

Salzteig kinderleicht
(0973-9) Von I. Kiskalt, 80 S., 224 Farbfotos,
8 Zeichnungen, kart. ●●

Kreatives Gestalten mit Ton
Töpfern ohne Scheibe – Aufbaukeramik
(0896-1) Von A. Riedinger, 80 S., 207 Farbfotos, 16 Zeichnungen, 7 Vignetten, kart. ●●

Kreatives Gestalten mit Ton
Töpfern auf der Scheibe
(**0971**-2) Von A. Riedinger, 80 S., 28 Farb-
und 3 s/w-Zeichnungen, 178 Farbfotos,
kartoniert. ●●

Edles Porzellan
(**4437**-2) Von M. Lutze, Prof. E. Lessing,
160 S., 175 Farbfotos, Leineneinband, mit
Schutzumschlag, im Schuber ●●●●●

Hobby Glaskunst in Tiffany-Technik
(**0781**-7) Von N. Köppel, 80 S., 194 Farbfotos, 6 s/w-Abb., kart. ●●

Tiffany-Lampen selbermachen
Arbeitsanleitung · Materialien · Modelle
(**0684**-5) Von I. Spliethoff, 32 S., 60 Farbfotos, 19 Zeichnungen, Pappband. ●

Fensterbilder in Tiffany-Technik
(**5168**-9) Von P. Matz, 32 S., 43 Farbfotos,
mit Vorlagebogen in Originalgröße, kart. ●

Tiffany-Technik
und andere kunstvolle Arbeiten in Glas
(**0972**-0) Von D. Köhnen, 80 S., 176 Farbfotos, 5 s/w-Zeichnungen, kart. ●

Tiffany-Gürtelschnallen
(**5160**-3) Von G. G. Scheib, R. Grella, 32 S.,
52 Farbfotos, 1 Zeichnung, mit Vorlagebogen
in Originalgröße, kart. ●

Modeschmuck mit Federn und Straß
(**5167**-0) Von J. Niemeier, 32 S., 41 Farbfotos, mit Vorlagebogen in Originalgröße,
kart. ●

Modeschmuck selbst modellieren
(**5196**-4) Von K. Eichler, 32 S., 51 Farbfotos,
mit Vorlagebogen in Originalgröße, kartoniert. ●

Modeschmuck in vielen Variationen
(**5180**-8) Von A. Hahn, 32 S., 39 Farbfotos,
3 Zeichnungen, mit Vorlagebogen in Originalgröße, kartoniert. ●

Effekt-Color
Phantasievolle Schmuck- und Deko-Ideen
(**5207**-3) Von A. Hahn, 32 S., 55 Farbfotos,
mit Vorlagebogen in Originalgröße, kart. ●

Rocailles
Perlenschmuck
(**5209**-X) Von L. und E. Weiler, 32 S., 45
Farbfotos, 2 Zeichnungen, mit Vorlagebogen
in Originalgröße, kart. ●

Perlenschmuck
(**5221**-9) Von H. Büderer, 32 S., 50 Farbfotos, mit Vorlagebogen in Originalgröße,
kartoniert. ●

Exklusiver Modeschmuck
aus dem eigenen Atelier
(**0925**-9) Von J. Niemeier, J. Klein, 80 S.,
141 Farbfotos, 25 Zeichnungen, kart. ●●

Masken
phantasievoll dekorieren
(**5155**-7) Von Chr. Familler, 32 S., 48 Farbfotos, mit Vorlagebogen in Originalgröße,
kart. ●

Schwingtiere aus Holz gestalten
(**5222**-7) Von der Arbeitsgem. Werken, 32 S.,
50 Farbfotos, mit Vorlagebogen in Originalgröße, kartoniert. ●

Hobby Drachen
bauen und steigen lassen. (**0767**-1) Von
W. Schimmelpfennig, 80 S., 1 dreiseitige
Ausklapptafel, 55 Farbfotos, 139 Zeichnungen, kart. ●●

Lenkdrachen
bauen und fliegen
(**1011**-7) Von W. Schimmelpfennig, 64 S.,
51 Farbfotos und 126 Zeichnungen, kartoniert. ●●

Drachen
Einfache Modelle für Kinder
(**5156**-5) Von W. Schimmelpfennig, 32 S.,
11 Farbfotos, 31 Zeichnungen, mit Vorlagebogen, kart. ●

Das große farbige
Bastelbuch für Kinder
(**4254**-X) Von U. Barff, I. Burkhardt, J. Maier,
224 S., 157 Farbfotos, und 60 s/w-
Zeichnungen, mit Schnittmusterbogen, Pappband. ●●●

Hobby Origami
Papierfalten für groß und klein
(**0756**-6) Von Z. Aytüre-Scheele, 80 S.,
820 Farbfotos, kart. ●●

Neue zauberhafte Origami-Ideen
Papierfalten für groß und klein
(**0805**-8) Von Z. Aytüre-Scheele, 80 S.,
720 Farbfotos, kart. ●●

Zauberwelt Origami
Tierfiguren aus Papier
(**1045**-1) Von Z. Aytüre-Scheele, 80 S., 660
Farbfotos, kartoniert. ●●

Pergamano
Pergamentpapier filigran gestalten
(**5202**-2) Von J. Allmann, 32 S., 51 Farbfotos,
5 Zeichnungen, mit Vorlagebogen in Originalgröße, kart. ●

Heut basteln wir mit Pappe und Papier
(**4413**-5) Von U. Barff, J. Maier, 224 S.,
117 Farbfotos, 480 Farbzeichn., 25 s/w-Abb.,
mit Schnittmusterbogen, Pappband. ●●●

Das große farbige Bastel- und Werkbuch
(**4439**-9) Von D. Rex, 256 S., 999 Farbfotos,
33 Farbzeichnungen, Pappband. ●●●●

Mein liebstes Spiel- und Bastelbuch
Die Welt der Dinosaurier
Tiere und Landschaften zum Selbermachen
Ausbrechen, aufstellen, spielen
(**4478**-X) Von B. Burkart, 8 Blatt mit heraus-
lösbaren Motiven, 280-g-Karton mit Stanzung, 8 S. Bastelanleitung und Sachinforma-
tion. ●●

Mein liebstes Spiel- und Bastelbuch
Leben auf dem Bauernhof
Tiere und Motive zum Selbermachen
Ausbrechen, aufstellen, spielen
(**4479**-8) Von K. Lausche, 8 Blatt mit heraus-
lösbaren Motiven, 280-g-Karton mit Stanzung, 8 S. Bastelanleitung und Sachinforma-
tion. ●●

Schritt für Schritt zum Scherenschnitt
Materialien · Techniken · Gestaltungsvor-
schläge. (**0732**-9) Von H. Klingmüller, 32 S.,
38 Farbfotos, 34 Vorlagen, Pappband. ●

Fensterbilder in Scherenschnitt
(**5169**-7) Von A. Hahn, 32 S., 52 Farbfotos,
3 s/w-Fotos, mit Vorlagebogen in Originalgröße, kart. ●

Fensterbilder
Meine Lieblingstiere
(**5197**-2) Von Y. Thalheim, H. Nadolny, 32 S.,
38 Farbfotos, mit Vorlagebogen in Originalgröße, kart. ●

Fensterbilder Lustige Tiere
(**5210**-3) Von F. Michalski, 32 S., 47 Farbfotos, mit Vorlagebogen in Originalgröße,
kart. ●

Die schönsten Fensterbilder
(**1066**-4) Von C. Kimmerle, 64 S., 100 Farbfotos, 7 Zeichnungen, kartoniert. ●●

Perfekte Fensterbilder
(**4470**-4) Von S. Haenitsch-Weiß, A. Weiß,
8 vierfarbige Bogen 280-g-Karton mit Stanzung + 16 S. zweifarbige Ein/Anleitung. ●●

Märchenhafte Fensterbilder
(**5185**-9) Von J. Maier, 32 S., 37 Farbfotos,
mit Vorlagebogen in Originalgröße, kart. ●

Fensterbilder Blumen und Tiere
(**5186**-7) Von M. Thalheim, 32 S.,
41 Farbfotos, 3 Zeichnungen, mit Vorlagebogen in Originalgröße, kart. ●

Papierflieger
(**5157**-3) Von T. Gött, 32 S., 73 Farbfotos,
19 Zeichnungen, mit Vorlagebogen in Originalgröße, kart. ●

Laternen und Lampions
(**5206**-5) Von C. Hüfner, 32 S., 60 Farbfotos,
mit Vorlagebogen in Originalgröße, kart. ●

Mobiles aus Papier
(**5183**-2) Von J. Maier, 32 S., 17 Farbfotos,
35 Farbzeichnungen, mit Vorlagebogen in
Originalgröße, kartoniert. ●

Schachteln basteln und dekorieren
(**5170**-0) Von Chr. Adjano, 32 S., 55 Farbfotos, mit Vorlagebogen in Originalgröße,
kart. ●

Die große Schachtelparade
(**4438**-0) Von Present Team, 16 vierfarbige
Bogen 250-g-Karton mit Schachtelstanzung
mit 4 S. Einleitung. ●●●

Deco Art
Die Kunst, Geschenke zu verpacken
(**0949**-6) Von B. Niermann, 80 S., 78 Farbfotos, 191 Zeichnungen, kart. ●●

Geschenke wunderschön verpacken
(**1113**-X) Von P. Jansen, 80 S., 79 Farbfotos,
166 Farbzeichnungen, kart. ●●

Geldgeschenke · Gutscheine ·
Geschenkanhänger
originell gestalten und verpacken
(**1115**-6) Von S. Haenitsch-Weiß, A. Weiß,
80 S., 176 Farbfotos, kart. ●●

Geschenke verpacken für Kinderfeste
(**5195**-6) Von C. Netolitzky, 32 S., 43 Farbfotos, mit Vorlagebogen in Originalgröße,
kartoniert. ●

Bunte Dekorationen für den
Kindergeburtstag
Mit Spielanleitung zum Fest der Tiere
(**4471**-2) Von S. Haenitsch-Weiß, A. Weiß, 8
vierfarbige Bogen 280-g-Karton mit Stanzung + 16 S. zweifarbige Ein/Anleitung. ●●

Originelles Ambiente für Gäste
Festdekorationen
(**1049**-4) Von B. Niermann, 80 S., 125 Farbfotos, 59 Farbzeichn., kartoniert. ●●

Dekorative Schleifen
aus Bändern und Papier
(**5205**-7) Von M. Schorege, 32 S., 28 Farbfotos, 31 Farbzeichnungen, mit Vorlagebogen in Originalgröße, kart. ●●

Dekorieren und Arrangieren mit
Seidenblumen
(**5200**-6) Von M. L. Spang, 32 S., 37 Farbfotos, 14 Farbzeichnungen, mit Vorlagebogen in Originalgröße, kartoniert. ●

Glückwunschkarten
(**5179**-4) Von A. Kolb, B. Michel, 32 S.,
54 Farbfotos, mit Vorlagebogen in Originalgröße, kartoniert. ●

Schmuck- und Glückwunschkarten
Papierarchitektur · Collagen · Faltschnittkarten
(**1114**-8) Von C. Sanladerer, 64 S., 55 Farbfotos, 31 Zeichnungen, kart. ●●

Altes Brauchtum neu entdeckt
Schmuck-Eier
Kunstvoll gestalten und verzieren.
(**0919**-4) Von I. Kiskalt, 32 S., 45 Farbfotos,
3 s/w-Zeichnungen, Pappband. ●

Ostereier originell dekorieren
(**5219**-7) Von W. Velte, 32 S., 44 Farbfotos,
mit Vorlagebogen in Originalgröße, kartoniert. ●

Dekorationen für Ostern
(**5198**-0) Von Y. Thalheim, H. Nadolny, 32 S.,
48 Farbfotos, mit Vorlagebogen in Originalgröße, kartoniert. ●

Basteln für Ostern
(**5164**-6) Von Chr. Adjano, 32 S., 47 Farbfotos, mit Vorlagebogen in Originalgröße,
kartoniert. ●

Tischdekorationen für Ostern
(**5220**-0) Von Chr. Adjano, 32 S., 49 Farbfotos, mit Vorlagebogen in Originalgröße,
kartoniert. ●

4

Weihnachtsgeschenke schön verpacken
Schachteln · Dekorationen · Geschenkpapiere
(**4469**-0) Von Present Team, 10 vierfarbige
Bogen 250-g-Karton mit Stanzung, 4 Bogen
Geschenkpapier + 4 S. Einleitung. ●●●

Basteln und dekorieren für
Advent und Weihnachten
(**4446**-1) Von G. Teusen, C. Netolitzky, 176 S.,
285 Farbfotos, mit Bastelvorlagebogen,
Pappband. ●●●

Basteln für Weihnachten
(**5162**-X) Von Chr. Adjano, 32 S., 44 Farbfotos, mit Vorlagebogen in Originalgröße,
kartoniert. ●

**Fensterdekorationen für die
Weihnachtszeit**
(**5181**-6) Von Y. Thalheim, H. Nadolny, 32 S.,
33 Farbfotos, mit Vorlagebogen in Originalgröße, kartoniert. ●

**Fensterbilder für Advent und
Weihnachten**
(**5211**-1) Von M. Schorege, 32 S., 24 Farbfotos, 15 Zeichnungen, mit Vorlagebogen in
Originalgröße, kartoniert. ●

**Adventskränze und weihnachtliche
Gestecke**
(**5203**-0) Von Y. Thalheim, H. Nadolny, 32 S.,
43 Farbfotos, mit Vorlagebogen in Originalgröße, kartoniert. ●

Adventskalender
(**5178**-6) Von Y. Thalheim, H. Nadolny, 32 S.,
35 Farbfotos, mit Vorlagebogen in Originalgröße, kartoniert. ●

Weihnachtsbasteleien
Advents- und Weihnachtsschmuck für groß
und klein
(**0667**-5) Von M. Kühnle und S. Beck, 32 S.,
56 Farbfotos, 6 Zeichnungen, Pappband. ●

Trockenblumenideen
Gewürzsträuße, Gestecke, Kränze, Buketts
(**0643**-8) Von R. Strobel-Schulze, 88 S.,
170 Farbfotos, kartoniert. ●●

Neue zauberhafte Trockenblumen-Ideen
(**0821**-X) Von R. Strobel-Schulze, 80 S.,
163 Farbfotos, kart. ●●

Phantasievolles Schminken
Verzauberte Gesichter für Maskeraden,
Laienspiele und Kinderfeste
(**0907**-0) Hrsg.: H. u. Y. Nadolny, 64 S., 227
Farbfotos, kartoniert. ●●

Schminken für Kinder
(**5177**-8) Von Y. Thalheim, H. Nadolny, 32 S.,
68 Farbfotos, mit Vorlagebogen in Originalgröße, kartoniert. ●

Moderne Fotopraxis
(**4401**-1) Von G. Koshofer, Prof. H. Wedewardt, 224 S., 363 Farbfotos, 106 s/w-Fotos,
5 Farb- und 24 s/w-Zeichnungen, Pappband.
●●●

Mach dir ein Bild
Praxistips für Foto, Film und Video
(**4410**-0) Von G. Staab, 208 S., 202 Farbfotos, 175 s/w-Fotos, 1 Zeichnung, Pappband.
●●●

So macht man bessere Fotos
(**1158**-X) Von G. Koshofer, 144 S., 259 Farbfotos, 25 s/w-Fotos, kartoniert. ●●

Aktfotografie
Interpretationen zu einem unerschöpflichen
Thema. Gestaltung · Technik · Spezialeffekte.
(**0737**-X) Von H. Wedewardt, 88 S., 144
Farb- und 6 s/w-Fotos, 6 Zeichnungen, kart. ●●

Videografieren
Filmen mit Video 8. Technik – Bildgestaltung
– Schnitt – Vertonung.
(**0843**-0) Von M. Wild, K. Möller, 120 S., 101
Farbfotos, 22 s/w-Fotos, 52 Zeichnungen,
kart. ●●●

Videografieren perfekt
Profitricks für Aufnahmetechnik und
Nachbearbeitung
(**0969**-0) Von W. Schild, 120 S., 144 Farbabb., 5 s/w-Zeichnungen, kart. ●●

Do it yourself und Technik

**Do it yourself
Kleinmöbel aus Holz**
(**0905**-4) Von O. Maier, 128 S., 210 Farbfotos, 80 Zeichnungen, kart. ●●

**Do it yourself
Sanitärinstallationen**
(**1118**-0) Von W. Kawlath, 96 S., 214 Farbabbildungen, kartoniert. ●●

**Do it yourself
Metall bearbeiten**
(**1119**-9) Von O. Maier, 96 S., 230 Farbfotos,
6 s/w-Zeichnungen, kartoniert. ●●

**Do it yourself
Elektroarbeiten**
(**0975**-5) Von K. H. Schubert, 120 S., 193
Farbfotos, 40 Zeichnungen, kartoniert. ●●

**Do it yourself
Fahrrad-Reparaturen**
(**0796**-5) Von R. van der Plas, 112 S., 140
Farbfotos, 113 farbige Zeichnungen, kartoniert. ●●

Möbel
aufarbeiten, reparieren, pflegen
(**0386**-2) Von E. Schnaus-Lorey, 96 S.,
28 Fotos, 101 Zeichnungen, kartoniert. ●

Restaurieren von Möbeln
Stilkunde, Materialien, Techniken, Arbeits-
anleitungen in Bildfolgen.
(**4120**-9) Von E. Schnaus-Lorey, 152 S., 37
Farbfotos, 75 s/w-Fotos, 352 Zeichnungen,
Pappband. ●●●●

FALKEN-Heimwerker-Praxis
Mofa- und Moped-Reparaturen
(**1008**-7) Von T. Kohlmey, 128 S., 280 Farb-
abbildg. und Zeichnungen, kartoniert. ●●

Elektronik als Hobby
Von der Grundlagenschaltung zum integrier-
ten Schaltkreis
Mit 8 wichtigen Universalplatinen
(**4293**-0) Von W. Priesterath, 264 S., 80 s/w-
Fotos, 128 Zeichnungen, Pappband. ●●●

Anlagenbau in Modultechnik
für Modelleisenbahnen und Dioramen.
(**0845**-7) Von J. Thal, 104 S., 68 Farbfotos,
28 Zeichnungen, kartoniert. ●●●

Kleine Welt auf Rädern
Das faszinierende Spiel mit **Modelleisen-
bahnen** (**4175**-6) Von F. Eisen, 256 S., 72
Farb- und 180 s/w-Fotos, 25 Zeichnungen,
Pappband. ●●●

Die Super-Sportwagen der Welt
(**4423**-2) Von H. G. Isenberg, 194 S.,
184 Farbfotos, 4 farbige Ausklapptafeln,
32 s/w-Fotos, Pappband. ●●●●

Die Super-Oldtimer der Welt
(**4465**-8) Von H. G. Isenberg, 194 S.,
161 Farb- und 36 s/w-Fotos, 4 Ausklapptafeln, Pappband. ●●●●

Die Super-Trucks der Welt
(**4257**-4) Von H. G. Isenberg, 194 S.,
205 Farbfotos, 87 s/w-Fotos, 7 Farbzeichnungen, 4 farb. Ausklapptafeln, Pappband.
●●●●

Die Super-Motorräder der Welt
(**4193**-6) Von H. G. Isenberg, 192 S., 170
Farb- und 100 s/w-Fotos, 8 Zeichnungen,
Pappband. ●●●●

Die Super-Eisenbahnen der Welt
(**4287**-6) Von W. Kosak, H. G. Isenberg, 224
S., 269 Farbfotos, 79 s/w-Fotos, 8 Vignetten,
5 farb. Ausklapptafeln, Pappband. ●●●●

Die Super-Dampfloks der Welt
(**4480**-1) Von H. Faust, H. G. Isenberg, 194 S.,
193 Farbfotos, mit vier Ausklapptafeln,
Pappband. ●●●●

Plastikmodellbau
Autos, Schiffe, Flugzeuge in vollendeter
Technik.
(**1116**-4) Von W. Kawlath, 96 S., 272 Farbabbildungen, kartoniert. ●●

Sport und Fitneß

Neue Lehrmethoden der Judo-Praxis
(**0424**-9) Von P. Herrmann, 223 S., 475 Abb.,
kartoniert. ●●

Fit mit Judo
(**2319**-7) Von K. Fuchs, 112 S., 193 Farbfotos,
kartoniert. ●●

Fußwürfe
für Judo, Karate und Selbstverteidigung.
(**0439**-7) Von H. Nishioka, übers. von H. J.
Heese, 96 S., 260 Abb., kart. ●●

Modernes Karate
Das große Standardwerk mit 2279 Abbildungen.
(**4280**-9) Von T. Okazaki, Dr. med. M. V.
Stricevic, übers. von M. Pabst, 376 S., 2279
s/w-Abb., Pappband. ●●●●●

Nakayamas Karate perfekt 1
Einführung.
(**0487**-7) Von M. Nakayama, 136 S., 605
s/w-Fotos, kart. ●●

Nakayamas Karate perfekt 2
Grundtechniken.
(**0512**-1) Von M. Nakayama, 136 S., 354
s/w-Fotos, 53 Zeichnungen, kart. ●●

Nakayamas Karate perfekt 3
Kumite 1: Kampfübungen.
(**0538**-5) Von M. Nakayama, 128 S., 424
s/w-Fotos, kart. ●●

Nakayamas Karate perfekt 4
Kumite 2: Kampfübungen.
(**0547**-4) Von M. Nakayama, 128 S., 394
s/w-Fotos, kart. ●●

Nakayamas Karate perfekt 5
Kata 1: Heian, Tekki.
(**0571**-7) Von M. Nakayama, 144 S., 1229
s/w-Fotos, kart. ●●

Nakayamas Karate perfekt 6
Kata 2: Bassai-Dai, Kanku-Dai.
(**0600**-4) Von M. Nakayama, 144 S., 1300
s/w-Fotos, 107 Zeichnungen, kart. ●●

Nakayamas Karate perfekt 7
Kata 3: Jitte, Hangetsu, Empi.
(**0618**-7) Von M. Nakayama, 144 S., 1988
s/w-Fotos, 105 Zeichnungen, kart. ●●

Nakayamas Karate perfekt 8
Gankaku, Jion. (**0650**-0) Von M. Nakayama,
144 S., 1174 s/w-Fotos, 99 Zeichnungen,
kart. ●●

Fit mit Karate
(**2308**-1) Von A. Pflüger, 96 S., 134 Farbfotos, 4 s/w-Zeichnungen, kart. ●●

25 Shotokan-Katas
Auf einen Blick: Karate-Katas für Prüfungen
und Wettkämpfe.
(**0859**-7) Von A. Pflüger, 88 S., 185 s/w-Abb.,
24 ganzseitige Tafeln mit über 1.600 Einzel-
schritten, kart. ●●

Bo-Karate
Habo-Jitsu – die Techniken des Stock-
kampfes.
(**0447**-8) Von G. Stiebler, 176 S., 424 s/w-
Fotos, 38 Zeichnungen, kart. ●●

Karate 1
Einführung · Grundtechniken.
(**0227**-0) Von A. Pflüger, 144 S., 195 s/w-Fotos, 120 Zeichnungen, kart. ●

Karate 2
Kombinationstechniken · Katas.
(**0239**-4) Von A. Pflüger, 176 S., 452 s/w-Fotos und Zeichnungen, kart. ●

Karate Kata 1
Heian 1–5, Tekki 1, Bassai Dai.
(**0683**-7) Von W.-D. Wichmann, 164 S., 703 s/w-Fotos, kart. ●●

Karate Kata 2
Jion, Empi, Kanku-Dai, Hangetsu.
(**0723**-X) Von W.-D. Wichmann, 140 S., 661 s/w-Fotos, 4 Zeichnungen, kart. ●●

Karate Kata 3
Bassai Sho, Kanku Sho, Nijushiho, Sochin
(**1120**-2) Von W.-D. Wichmann, 144 S., 598 s/w-Fotos, 4 Grafiken, kart. ●●

Der König des Kung Fu
Bruce Lee
Sein Leben und Kampf
Von seiner Frau Linda
(**0392**-7) Von Linda Lee, 136 S., 104 s/w-Fotos, kartoniert. ●●

Bruce Lees Kampfstil 1
Grundtechniken.
(**0473**-7) Von B. Lee, M. Uyehara, 109 S., 220 Abb., kart. ●

Bruce Lees Kampfstil 2
Selbstverteidigungs-Techniken.
(**0486**-9) Von B. Lee, M. Uyehara, 128 S., 310 Abb., kart. ●

Bruce Lees Kampfstil 3
Trainingslehre.
(**0503**-2) Von B. Lee, M. Uyehara, 112 S., 246 Abb., kart. ●

Bruce Lees Kampfstil 4
Kampftechniken.
(**0523**-7) Von B. Lee, M. Uyehara, 104 S., 211 Abb., kart. ●

Kung-Fu 1
Legende · Philosophie · Grundtechniken
(**0891**-0) Von Chr. Yim, 152 S., 401 s/w-Fotos, 2 s/w-Zeichnungen, kart. ●●

Kung-Fu und Tai-Chi
Grundlagen und Bewegungsabläufe
(**0367**-6) Von B. Tegner, 182 S., 370 s/w-Fotos, kart. ●●

Kung Fu
Theorie und Praxis klassischer und moderner Stile
(**0376**-5) Von M. Pabst, 160 S., 330 Abbildungen, kartoniert. ●●

Bruce Lees Jeet Kune Do
(**0440**-0) Von B. Lee, 192 S., mit 105 eigenhändigen Zeichnungen von B. Lee, kart. ●●

Shaolin-Kempo – Kung-Fu
Chinesisches Karate im Drachenstil.
(**0395**-1) Von R. Czerni, K. Konrad, 246 S., 723 Abb., kart. ●●

Kickboxen
Fitneßtraining und Wettkampfsport.
(**0795**-0) Von G. Lemmens, 96 S., 208 s/w-Fotos, 23 Zeichnungen, kart. ●●

Ninja 1
Die Lehre der Schattenkämpfer.
(**0758**-2) Von S. K. Hayes, übers. von J. Schmit, 144 S., 137 s/w-Fotos, kart. ●●

Ninja 2
Die Wege zum Shoshin.
(**0763**-9) Von S. K. Hayes, übers. von J. Schmit, 160 S., 309 s/w-Fotos, 2 Zeichnungen, kart. ●●

Ninja 3
Der Pfad des Togakure-Kämpfers.
(**0764**-7) Von S. K. Hayes, übers. von J. Schmit, 144 S., 197 s/w-Fotos, 2 Zeichnungen, kart. ●●

Ninja 4
Das Vermächtnis der Schattenkämpfer.
(**0807**-4) Von S. K. Hayes, übers. von J. Schmit, 196 S., 466 s/w-Fotos, kart. ●●

Taekwondo perfekt 1
Die Formenschule bis zum Blaugurt.
(**0890**-2) Von K. Gil, Kim Chul-Hwan, 176 S., 439 s/w-Fotos, 107 Zeichnungen, kart. ●●

Taekwondo perfekt 2
Die Formenschule vom Blau- bis zum Schwarzgurt
(**0976**-3) Von K. Gil, K. Chul-Hwan, 192 S., 461 s/w-Fotos, 112 Zeichnungen, kart. ●●

Taekwondo perfekt 3
(**1068**-0) Von K. Gil, K. Chul-Hwan, 200 S., 429 s/w-Fotos, kartoniert. ●●

Taekwondo
Koreanischer Kampfsport
(**0347**-1) Von K. Gil, 152 S., 408 Abbildungen, kartoniert. ●●

Ju-Jutsu als Wettkampf
(**0826**-0) Von G. Kulot, 168 S., 418 s/w-Fotos, 2 Zeichnungen, kart. ●●

Ju-Jutsu 1
Grundtechniken · Moderne Selbstverteidigung.
(**0276**-9) Von W. Heim, F. J. Gresch, 164 S., 450 s/w-Fotos, 8 Zeichn., kart. ●

Ju-Jutsu 2
für Fortgeschrittene und Meister.
(**0378**-1) Von W. Heim, F. J. Gresch, 160 S., 798 s/w-Fotos, kart. ●●

Ju-Jutsu 3
Spezial-, Gegen- und Weiterführungs-Techniken · Stockkampfkunst.
(**0485**-0) Von W. Heim, F. J. Gresch, 200 S., über 600 s/w-Fotos, kart. ●●

Aikido
Lehren und Techniken des harmonischen Weges.
(**0537**-7) Von R. Brand, 280 S., 697 Abb., kart. ●●

Hap Ki Do
Koreanische Selbstverteidigung nach dem Lehrsystem des Großmeisters.
(**0379**-X) Von Kim Sou Bong, 112 S., 152 Abb., kart. ●●

Dynamische Tritte
Grundlagen für den Zweikampf. (**0438**-9) Von C. Lee, 96 S., 398 s/w-Fotos, 10 Zeichnungen, kart. ●●

Selbstverteidigung
Abwehrtechniken für Sie und Ihn.
(**0853**-8) Von E. Deser, 96 S., 259 s/w-Fotos, kart. ●

Die Faszination athletischer Körper
Bodybuilding
mit Weltmeister Ralf Möller.
(**4281**-7) Von R. Möller, 128 S., 169 Farbfotos, 14 s/w-Fotos, 1 Farbzeichnung, Pappband. ●●●

Ladyfitneß
Das neue Körperbewußtsein der Frau
Bodyshaping · Körperpflege · Ernährung · Entspannung
(**4433**-X) Von Prof. Dr. S. Starischka, B. Grabis, D. von Cramm, G. W. Kienitz, 128 S., 227 Farbfotos, Pappband. ●●●

Bodybuilding für Frauen
Wege zu Ihrer Idealfigur
(**0661**-6) Von H. Schulz, 112 S., 84 s/w-Fotos, 4 Zeichnungen, kart. ●

Fit mit Bodybuilding
(**2314**-6) Von L. Spitz, 112 S., 203 Farbabbildungen, 10 Tabellen. ●●

Bodybuilding
Anleitung zum Muskel- und Konditionstraining für sie und ihn
(**0604**-7) Von R. Smolana, 160 S., 171 s/w-Fotos, kartoniert. ●●

Leistungsfähiger durch Krafttraining
Eine Anleitung für Fitness-Sportler, Trainer und Athleten.
(**0617**-9) Von W. Kieser, 96 S., 20 s/w-Fotos. 62 Zeichnungen, kart. ●

Hanteltraining zu Hause
(**0800**-7) Von W. Kieser, 80 S., 71 s/w-Fotos, 4 Zeichnungen, kartoniert. ●

Fit und gesund
Fitneßtraining und Bodybuilding zu Hause. Trainingsprogramme für Ihr Wohlbefinden.
(**0782**-5) Von Prof. Dr. S. Starischka, 80 S., 100 Farbfotos, 3 Zeichnungen, kart. ●●

Optimale Ernährung
für Krafttraining und Bodybuilding.
(**0912**-7) Von B. Dahmen, 88 S., 8 Farbtafeln, 8 Zeichnungen, kart. ●

Fit mit Bio-Training
für Kraft, Ausdauer und Schnelligkeit.
(**2310**-3) Von L. Spitz, 112 S., 197 Farbfotos, 11 Farb- und 4 s/w-Zeichnungen, kart. ●●

Gesund und fit durch **Konditionstraining und Wirbelsäulengymnastik**
(**0844**-9) Von R. Milser und K. Grafe, 104 S., 99 Farbfotos, 12 Farbzeichnungen, 5 s/w-Zeichnungen, kart. ●●

Fit mit Tai Chi
als sanfte Körpererfahrung
(**2305**-7) Von B. u. K. Moegling, 112 S., 121 Farbfotos, 6 Farb-u. 4 s/w-Zeichnungen, kart. ●●

Isometrisches Training
Übungen für Muskelkraft und Entspannung.
(**0529**-6) Von L. M. Kirsch, 104 S., 150 s/w-Fotos, kart. ●●

Stretching
Mit Dehnungsgymnastik zu Entspannung, Geschmeidigkeit und Wohlbefinden.
(**0717**-5) Von H. Schulz, 80 S., 90 s/w-Fotos, kart. ●

Fit mit Stretching
(**2304**-9) Von B. Kurz, 96 S., 255 Farbfotos, kart. ●●

Gesund und fit durch Gymnastik
(**0366**-8) Von H. Pilss-Samek, 88 S., 130 Abb., kart. ●

Fit und frisch
Gymnastik für die ganze Familie
(**6501**-9) Von G. Sieber, 104 S., 306 Farbfotos, 5 Farbzeichnungen, kart., mit Audiokassette, Laufzeit 30 Min. ●●●

Fit mit Laufen
(**2315**-4) Von W. Sonntag, 96 S., 60 Farbfotos, 8 Farbzeichnungen, kart. ●●

Spaß am Laufen
Jogging für die Gesundheit
(**0470**-2) Von W. Sonntag, 140 S., 41 s/w-Fotos, 1 Zeichnung, kartoniert. ●

ZDF Sportjahrbuch 90
Rekorde · Siege · Schicksale · Ergebnisse
Die Höhepunkte der Fußball-WM
(**4481**-X) Hrsg. von Bernd Heller, 208 S., 245 Farbfotos und Tabellen, kart. ●●●

Skateboard
Material · Technik · Fahrpraxis
(**1104**-0) Von F. Böhm, M. Rieger, 96 S., 321 Farbabbildungen, kartoniert. ●●●

Fit mit Sportschießen
(**2312**-X) Von H. Gabelmann, 96 S., 44 Farbabbildungen, 3 s/w-Fotos, 19 s/w-Zeichnungen, kart. ●●

Fechten
Florett · Degen · Säbel.
(**0449**-4) Von E. Beck, 88 S., 185 Fotos, 10 Zeichnungen, kart. ●

Fit mit Sportabzeichen
(**2307**-3) Von G. Hennige, 104 S., 107 Farbfotos, kart. ●●

6

Volleyball
Technik · Taktik · Regeln.
(0351-X) Von H. Huhle. 104 S., 330 Abb., kart. ●

Fit mit Volleyball
(2302-2) Von Dr. A. Scherer, 104 S., 27 Farbund 1 s/w-Foto, 12 Farb- und 29 s/w-Zeichnungen, kart. ●●

Fit mit Fußball
(2309-X) Von H. Obermann, P. Walz, 112 S., 47 Farbfotos, 18 Farb- und 25 s/w-Zeichnungen, kart. ●●

Sepp Maier
Super-Torwart-Training
(4451-8) Von S. Maier, 168 S., 30 Farb- und 34 s/w-Fotos, 236 zweifarbige Zeichnungen, Pappband. ●●●

Fußball-Jahrbuch 90
Mit großem Sonderteil Fußball-WM
(4489-5) Hrsg. von H. Faßbender, 208 S., 310 Farbfotos und Tabellen, kart. ●●●

SportRegeln Fußball
Die offiziellen Regeln
Wissenswertes von A bis Z
(1096-6) 104 S., 36 s/w-Fotos, 27 Zeichnungen, kart. ●

Handball
Technik · Taktik · Regeln.
(0426-5) Von F. und P. Hattig, 128 S., 91 s/w-Fotos, 121 Zeichnungen, kart. ●●

Handball
Grundlagen für Training und Spiel
(2321-9) Von H.-P. Oppermann, 120 S., 39 Farbtafeln, 12 s/w-Fotos, 108 Farbzeichnungen, kartoniert. ●●

SportRegeln Handball
Die offiziellen Regeln
Wissenswertes von A bis Z
(1099-6) 88 S., 32 s/w-Fotos, 14 Zeichnungen, kart. ●

Tennis
Technik · Taktik · Regeln.
(0375-7) Von W. u. S. Taferner, 112 S., 81 Abb., kart. ●

SportRegeln Tennis
Die offiziellen Regeln
Wissenswertes von A bis Z
(1097-4) 88 S., 24 s/w-Fotos, 6 Zeichnungen, kart. ●

Tischtennis-Technik
Der individuelle Weg zu erfolgreichem Spiel.
(0775-2) Von M. Perger, 144 S., 296 Abb., kart. ●

Badminton
Technik · Taktik · Training.
(0699-3) Von K. Fuchs, L. Sologub, 168 S., 51 Abb., kart. ●●

Fit mit Squash
(2311-1) Von P. Langhammer, R. Michna, 96 S., 86 Farbfotos, 13 Farbzeichn., kart. ●●

Squash
Ausrüstung · Technik · Regeln
(0539-3) Von D. von Horn, H.-D. Stünitz, 96 S., 55 s/w-Fotos, 25 Zeichnungen, kart. ●

SportRegeln Squash
Die offiziellen Regeln
Wissenswertes von A bis Z
(1100-8) 64 S., 11 s/w-Fotos, 23 Zeichnungen, kart. ●

Golf
Ausrüstung und Technik.
(0343-9) Von J. C. Jessop, übersetzt von H. Biemer, mit einem Vorwort von H. Krings, Präsident des Deutschen Golf-Verbandes, 96 S., 57 Abb., Anhang Golfregeln des DGV, kart. ●●

Eishockey
Lauf- und Stocktechnik, Körperspiel, Taktik, Ausrüstung und Regeln. (0414-1) Von J. Capla, 264 S., 548 s/w-Fotos, 163 Zeichnungen, kart. ●●

Pool-Billard
(0484-2) Herausgegeben vom Deutschen Pool-Billard-Bund. Von M. Bach, K.-W. Kühn, 104 S., 64 Abb., kart. ●

Tanzstunde
Das Welttanzprogramm leicht gelernt
(4409-2) Von G. Hädrich, 164 S., 489 s/w-Fotos, 63 Zeichnungen, Pappband. ●●●

Tanzen
(2303-0) Von K. Richter, H. Kleinow, 96 S., 102 Farbfotos, kart. ●●

Wir lernen Tanzen
(0200-9) Von E. Fern, 152 S., 119 s/w-Fotos, 47 Zeichnungen, kartoniert. ●●

Dancing
Moderne Discotänze: mit Mambo und Salsa
(0977-1) Von B. und F. Weber, 96 S., 207 s/w-Fotos, kart. ●●

Dirty Dancing
Step by Step leicht gelernt
(0992-5) Von D. Glück, G. Teusen, 80 S., 140 Farbfotos, kart. ●●

Bauchtanz
Anmutig und fit durch
(0911-9) Von Marta, 120 S., 229 Farbfotos, 6 s/w-Zeichnungen, kart. ●●

Sporttauchen
Theorie und Praxis des Gerätetauchens
(0647-0) Von S. Müßig, 144 S., 8 Farbtafeln, 35 s/w-Fotos, 89 Zeichnungen, kart. ●●

Fit mit Sporttauchen
(2320-0) Von Dr. F. Naglschmid, 112 S., 71 Farbfotos, 21 Zeichnungen, kart. ●●

Angelfischerei von Aal bis Zander
Fische · Geräte · Technik.
(0324-2) Von H. Oppel, 72 S., 16 Farbtafeln, 49 s/w-Abb., kart., ●●

Angeln
Kleine Fibel für den Sportfischer.
(0198-3) Von E. Bondick, 80 S., 4 Farbtafeln, 116 Abb., kart. ●

Fit mit
Surfen
(2317-3) Von H. Mönster, K.-H. Eden, B. Bohr, 104 S., 110 Farbfotos, 23 s/w-Zeichnungen, kartoniert. ●●

TELESKI
Skigymnastik perfekt
(1037-0) Von M. Vorderwülbecke, G. Kern, 120 S., 220 Farbfotos, 16 farbige Grafiken, 19 Farbzeichnungen, kartoniert. ●●

Fibel für Kegelfreunde
Sport- und Freizeitkegeln · Bowling
(0191-6) Von G. Bocsai, 72 S., 62 Abb., kart. ●

Fit mit Kegeln
(2301-4) Von G. Gromann, 96 S., 51 Farbfotos, 50 Farb- und 4 s/w-Zeichnungen, kart. ●

111 spannende Kegelspiele
(2031-7) Von H. Regulski, 80 S., 53 Zeichnungen, kart. ●

Beliebte und neue
Kegelspiele
(0271-8) Von H. Regulski, 92 S., 62 Abbildungen, kartoniert. ●

Schach

Einführung in das Schachspiel
(0104-5) Von W. Wollenschläger und K. Colditz, 112 S., 116 Diagramme, kart. ●

Schach, das königliche Spiel
Von den Grundzügen zum strategischen Spiel.
(1105-9) Von T. Schuster, 192 S., 302 Diagramme, kart. ●●

Spielend Schach lernen
(2002-3) Von T. Schuster, 96 S., kartoniert. ●

Kinder- und Jugendschach
Offizielles Lehrbuch des Deutschen Schachbundes zur Erringung der Bauern-, Turmund Königsdiplome.
(0561-X) Von B. J. Withuis, H. Pfleger, 144 S., 220 Zeichnungen und Diagramme, kart. ●●

Zug um Zug
Schach für Jedermann 1
Offizielles Lehrbuch des Deutschen Schachbundes zur Erringung des Bauerndiploms.
(0648-9) Von H. Pfleger, E. Kurz, 80 S., 24 s/w-Fotos, 8 Zeichn., 60 Diagramme, kart. ●

Zug um Zug
Schach für Jedermann 2
Offizielles Lehrbuch des Deutschen Schachbundes zur Erringung des Turmdiploms.
(0659-4) Von H. Pfleger, E. Kurz, 128 S., 7 s/w-Fotos, 13 Zeichnungen, 78 Diagramme, kart. ●

Zug um Zug
Schach für Jedermann 3
Offizielles Lehrbuch des Deutschen Schachbundes zur Erringung des Königdiploms.
(0728-0) Von H. Pfleger, G. Treppner, 128 S., 4 s/w-Fotos, 84 Diagramme, 10 Zeichnungen, kart. ●●

Schach für Fortgeschrittene
Taktik und Probleme des Schachspiels
(0219-X) Von R. Teschner, 88 S., 85 Diagramme, kart. ●

Neue Schacheröffnungen
(0478-8) Von T. Schuster, 104 S., 100 Diagramme, kart. ●

Klassische Schacheröffnungen
(1086-9) Von T. Schuster, 144 S., zahlr. Diagramme, kart. ●

Najdorf für Turnierspieler
Theorie und Praxis eines komplexen Eröffnungssystems. (1121-0) Von Dr. J. Nunn, 304 S., 202 Diagramme, kart. ●●●

Lehr-, Übungs- und Testbuch der
Schachkombinationen
(0649-7) Von K. Colditz, 184 S., 227 Diagramme, kartoniert. ●●

Erfolgreiche Schachlehre
Eröffnungs- und Mittelspielstrategie
(0991-7) Von D. Bronstein, 254 S., 201 Diagramme, Pappband. ●

Spaß am Kombinieren
(1057-5) Von A. Pötzsch, 192 S., 365 Diagramme, Pappband. ●

Erfolgreich angreifen
Der Königsflügel im Visier
(1058-3) Von J. Neistadt, 192 S., 183 Diagramme, Pappband. ●●

Erfolgreich angreifen
Der Damenflügel und das Zentrum im Visier
(1123-7) Von J. Neistadt, 172 S., 163 Diagramme, Pappband. ●●

Sizilianisch siegen
durch die Kunst der Verteidigung
(0990-2) Von M. Taimanow, 160 S., 124 Diagramme, Pappband. ●●

Schach dem König
333 Kurzpartien unter 30 Zügen
(1124-5) Von A. Roismann, 272 S., 222 Diagramme, Pappband. ●●

Schnelle Schachsiege
Das meisterliche Gambitspiel
(1038-9) Von S. Samarian, 28 S., 125 Diagramme, kartoniert. ●●

Offizielles Lehrbuch des Deutschen Schachbundes
Das systematische Schachtraining
Trainingsmethoden, Strategien und Kombinationen.
(0857-0) Von Sergiu Samarian, 152 S., 159 Diagramme, 1 Zeichnung, kartoniert. ●●

Taktische Schachspiele
(0752-3) Von J. Nunn, 208 S., 152 Diagramme, kart. ●●

Schachstrategie
Ein Intensivkurs mit Übungen und ausführlichen Lösungen.
(**0584**-9) Von A. Koblenz, dt. Bearb. von K. Colditz, 212 S., 240 Diagramme, kart. ●●

Schachtraining mit den Großmeistern
(**0670**-5) Von H. Bouwmeester, 128 S., 90 Diagramme, kart. ●●

So denkt ein Schachmeister
Strategische und taktische Analysen.
(**0915**-1) Von H. Pfleger, G. Treppner, 120 S., 75 Diagramme, kart. ●●

Schach als Kampf
Meine Spiele und mein Weg.
(**0729**-9) Von G. Kasparow, 144 S., 95 Diagramme, 9 s/w-Fotos, kart. ●●

Kasparows Schacheröffnungen
(**1021**-4) Von O. Borik, 136 S., 16 s/w-Fotos, kartoniert. ●●

Schach-WM 1990
Kasparow-Karpow
(**1122**-9) Von O. Borik, Dr. H. Pfleger, 136 S., zahlreiche Diagramme, kartoniert. ●●

Mensch und Gesundheit

Der moderne Ratgeber
Wir werden Eltern
Schwangerschaft · Geburt · Erziehung des Kleinkindes.
(**4269**-8) Von B. Nees-Delaval, 376 S., 335 2-farbige Abb., Pappband. ●●●●

Wenn Sie ein Kind bekommen
(**4003**-2) Von U. Klamroth, H. Oster, 240 S., 86 s/w-Fotos, 30 Zeichnungen, kartoniert. ●●●

Wenn der Mensch zum Vater wird
Ein heiter-besinnlicher Ratgeber
(**4259**-0) Von D. Zimmer, 160 S., 20 Zeichnungen, Pappband. ●●●

Vorbereitung auf die Geburt und
Schwangerschaftsgymnastik
Atmung, Rückbildungsgymnastik.
(**0251**-3) Von S. Buchholz, 112 S., 98 s/w-Fotos, kartoniert. ●

Die Kunst des Stillens
nach neuesten Erkenntnissen (**0701**-9) Von Prof. Dr. med. E. Schmidt, S. Brunn, 112 S., 20 Fotos und Zeichnungen, kart. ●

Das Babybuch
Pflege · Ernährung · Entwicklung
(**0531**-8) Von A. Burkert, 96 S., 76 zweifbg. Zeichnungen, 22 s/w-Zeichnungen, kart. ●●

Babyfitneß
Massage, Spiele, Gymnastik und Schwimmen für Kinder im 1. Lebensjahr
(**1034**-6) Von G. Zeiß, 112 S., 179 zweifarbige Illustrationen, kartoniert. ●●

Wenn Kinder krank werden
Medizinischer Ratgeber für Eltern
(**4240**-X) Von Dr. med. I. J. Chasnoff, B. Nees-Delaval, 232 S., 163 Zeichnungen, Pappband. ●●●

Keinen Mann um jeden Preis
Das neue Selbstverständnis der Frau in der Partnerbeziehung
(**4440**-2) Von Shere Hite, Kate Colleran, 208 S., Pappband. ●●

Total verknallt... und keine Ahnung?
Alles über Liebe, Sex und Zärtlichkeit
(**1024**-9) Von H. Bruckner, R. Rathgeber, 104 S., 38 Abbildungen, kartoniert. ●●

Sinnliche Liebe
Sex und Partnerschaft
(**4436**-4) Von Dr. A. Stanway, 160 S., 60 vierfarbige Illustrationen, Pappband. ●●●●

Streicheleinheiten für Körper und Seele
Partnermassage
(**4444**-5) Von Chr. Unseld-Baumanns, 136 S., 145 Farbfotos, Pappband. ●●●●

Bildatlas des menschlichen Körpers
(**4177**-2) Von G. Pogliani, V. Vannini, 112 S., 402 Farbabb., 28 s/w-Fotos, Pappband. ●●●

Nahrungsmittelallergien
So ernähren Sie sich richtig!
(**0913**-5) Von Priv.-Doz. Dr. med. Dr. med. habil. J. von Mayenburg, Prof. Dr. med. Dr. phil. S. Borelli, E. Polster, 136 S., kart. ●●

Arteriosklerose
Risikofaktoren/Vorbeugung/Therapie
Richtige Ernährung bei erhöhtem Cholesterinspiegel.
(**1020**-6) Von Prof. Dr. med. G. Assmann, Dr. troph. U. Wahrburg, 192 S., 84 farb. Abb., 4 s/w-Zeichnungen, kartoniert. ●●

Asthma
Pseudokrupp, Bronchitis und Lungenemphysem
Krankheitsbilder · Diagnose · Therapie
Ertelt, 152 Seiten, 110 zweifarbige Zeichnungen, kartoniert. ●●●

Asthma
Pseudokrupp, Bronchitis und Lungenemphysem. (**0778**-7) Von Prof. Dr. med. W. Schmidt, 120 S., 56 Zeichnungen, kart. ●

Gallenleiden
Krankheitsbilder, Behandlung, Therapieverfahren, Selbstbehandlung. Richtige Lebensführung und Ernährung.
(**0673**-X) Von Dr. med. K. Steffens, 104 S., 34 Zeichnungen, kartoniert. ●

Diabetes
Krankheitsbild, Therapie, Kontrollen, Schwangerschaft, Sport, Urlaub, Alltagsprobleme. Neueste Erkenntnisse der Diabetesforschung. (**0895**-3) Von Dr. med. H. J. Krönke, 120 S., 4 Farbtafeln, 14 s/w-Fotos, 13 s/w-Zeichnungen, kartoniert. ●●

Krampfadern
Ursachen, Vorbeugung, Selbstbehandlung, Therapieverfahren. (**0727**-2) Von Dr. med. K. Steffens, 112 S., 38 Abb., kartoniert. ●

Das moderne Hausbuch der Naturheilkunde
Neueste Erkenntnisse der Ganzheitsmedizin von Akupressur bis Zelltherapie.
(**4403**-8) Von G. Leibold, 448 S., 263 Farbzeichn., 15 s/w-Fotos, Pappband. ●●●●●

Naturkosmetik
Die Grundlagen gesunder und natürlicher Hautpflege.
(**1080**-X) Von N. E. Haas, 120 S., 63 Farbabb., kartoniert. ●●

Die sanfte Art des Heilens
Homöopathie
Praktische Anwendung und Arzneimittellehre
(**4418**-X) Von J. H. P. Kreuter, 216 S., 49 Zeichnungen, Pappband. ●●●

Aromatherapie
Gesundheit und Entspannung durch ätherische Öle.
(**1131**-8) Von K. Schutt, 96 S., 40 zweifarbige Abbildungen, kartoniert. ●●

Heilatmen
Ein Weg zu Lebenskraft und innerer Harmonie
(**1047**-8) Von K. Schutt, 112 S., 57 zweifarbige Abb., kartoniert. ●●●

Wetterfühligkeit
Vorbeugen und behandeln
Der Einfluß von Wetter und Klima auf Körper und Psyche.
(**0998**-4) Von Dipl.-Met. H. Trenkle, fachl. Beratung Prof. Dr. V. Faust, 120 S., 8 Farbtafeln, 31 zweifarbige Abbildungen und Tabellen, kartoniert. ●●

Bewährte Naturheilverfahren bei
Herz-Kreislauf-Erkrankungen
(**1084**-2) Von Dr. med. O. Wolff, G. Leibold, 104 S., kartoniert. ●

Krebsangst und Krebs behandeln
Mit einem Vorwort von Prof. Dr. med. Friedrich Douwes.
(**0839**-2) Von G. Leibold, 104 S., kartoniert. ●

Bewährte Naturheilverfahren bei
Krebs
(**1082**-6) Hrsg. H.-R. Heiligtag, 88 S., kartoniert. ●

Heilen mit Blütenenergien
nach Dr. Bach
(**1141**-5) Von J. Wenzel, ca. 96 S., kart. ●

Bewährte Naturheilverfahren bei
Migräne und Schlafstörungen
(**1081**-8) Von G. Leibold, Dr. med. H. Chr. Scheiner, 112 S., kartoniert. ●

Gesunder Schlaf
Schlafstörungen ohne Medikamente erfolgreich behandeln.
(**1036**-2) Von D. H. Alke, 88 S., 22 s/w-Abb., mit Audiokassette, kartoniert. ●●●

Natürliche Behandlungsmethoden bei
Rückenschmerzen
Massage · Gymnastik · Entspannung
(**4447**-X) Von Dr. med. H. Hess, K. Eder, H.-J. Montag, K. Schutt, 152 S., 168 Farbabbildungen, Pappband. ●●●

Bewährte Naturheilverfahren bei
Rückenschmerzen
mit Spezialthema Alta-Major-Methode
(**1140**-7) Von G. Leibold, ca. 96 S., kart. ●

Rheuma behandeln und lindern
Mit einem Vorwort von Dr. med. Max-Otto Bruker.
(**0836**-8) Von G. Leibold, 96 S., kartoniert. ●

Besser sehen durch Augentraining
Ein Gesundheitsprogramm zur Verbesserung des Sehvermögens.
(**0914**-3) Von K. Schutt, B. Rumpler, 96 S., 32 s/w-Zeichnungen, kartoniert. ●

Allergien behandeln und lindern
Mit einem Vorwort von Prof. Dr. med. Axel Stemmann.
(**0840**-6) Von G. Leibold, 96 S., 4 Zeichnungen, kartoniert. ●

Enzyme
Vitalstoffe für die Gesundheit
(**0677**-2) Von G. Leibold, 96 S., kartoniert. ●

Kneippkuren zu Hause
(**0779**-5) Von G. Leibold, 112 S., 25 Zeichnungen, kartoniert. ●

Besser leben durch Fasten
(**0841**-4) Von G. Leibold, 96 S., kartoniert. ●

Die echte Schroth-Kur
(**0797**-3) Von Dr. med. R. Schroth, 88 S., 2 s/w-Fotos, kartoniert. ●

Massagetechniken und Heilanzeigen
Reflexzonentherapie
(**4404**-6) Von G. Leibold, 128 S., 53 Farbzeichnungen, Pappband. ●●●

Akupressur zur Eigenbehandlung
(**0417**-6) Von G. Leibold, 112 S., 78 Abb., kartoniert. ●

Chinesische Punktmassage
Akupressur
(**4419**-4) Von F. T. Lie, 192 S., 332 zweifarbige Abb., Pappband. ●●●●

Shiatsu-Massage
Harmonisierung der Energieströme im Körper
(**0615**-2) Von G. Leibold, 196 S., 180 Abb., kartoniert. ●●●

Fußsohlenmassage
Heilanzeigen · Technik · Selbsthilfe
(**0714**-0) Von G. Leibold, 96 S., 38 Zeichnungen, kartoniert. ●

Entspannung und Schmerzlinderung durch
Massage
(0750-7) Von B. Rumpler, K. Schutt, 112 S.,
116 zweifarbige Zeichnungen, kart. ●

Entspannung
(0834-1) Von Dr. med. Chr. Schenk, 88 S.,
29 Zeichnungen, kart. ●

Erfolg und Lebensfreude durch
**Autogenes Training und Psycho-
kybernetik**
(1035-4) Von D. H. Alke, 80 S., 2 s/w-Zeich-
nungen, mit Audiokassette, kartoniert. ●●●

Hypnose und Autosuggestion
Methoden · Heilwirkungen · praktische Beispiele. (0483-4) Von G. Leibold, 120 S.,
9 Illustrationen, kart. ●

Chinesisches Schattenboxen
Tai-Ji-Quan
für geistige und körperliche Harmonie
(0850-3) Von F.T. Lie, 120 S., 221 s/w-Fotos,
9 s/w-Zeichnungen, Beilage: 1 s/w-Poster mit
zahlreichen Abbildungen, kart. ●●

Yoga
Weg zur Harmonie
(4417-8) Von A. Harf, W. von Rohr, 176 S.,
171 Farbfotos, 12 s/w-Zeichnungen, Pappband. ●●●●

**Yoga gegen Haltungsschäden und
Rückenschmerzen**
(0394-3) Von A. Raab, 104 S., 215 Abb.,
kartoniert. ●

Neue Rezepte für **Diabetiker-Diät**
Vollwertig · abwechslungsreich · kalorien-
arm.
(0418-4) Von M. Oehlrich, 96 S., 8 Farbtafeln, kartoniert. ●

**Diät bei Herzkrankheiten und Bluthoch-
druck**
Rezeptteil von B. Zöllner.
(3202-1) Von Prof. Dr. med. H. Rottka, 92 S.,
4 Farbtafeln, kartoniert. ●●

**Diät bei Erkrankungen der Nieren, Harn-
wege und bei Dialysebehandlung**
Rezeptteil von B. Zöllner.
(3203-X) Von Prof. Dr. med. Dr. h. c. H. J.
Sarre und Prof. Dr. med. R. Kluthe, 96 S., 33
Farbfotos, 1 s/w-Zeichnung, kartoniert. ●●

Richtige Ernährung wenn man älter wird
Rezeptteil von B. Zöllner.
(3204-8) Von Prof. Dr. med. H.-J. Pusch,
96 S., 36 Farbfotos und 3 s/w-Zeichnungen,
kartoniert. ●●

Diät bei Darmkrankheiten
Durchfall · Divertikulose, Reizdarm und
Darmträgheit · einheimische Sprue (Zöllakie)
· Disacharidasemangel · Dünndarmresek-
tion · Dumping Syndrom, Rezeptteil von B.
Zöllner. (3211-0) Von Prof. Dr. med. G. Stroh-
meyer, 88 S., 4 Farbtafeln, kartoniert. ●●

Diät bei Gicht und Harnsäuresteinen
Rezeptteil von B. Zöllner.
(3205-6) Von Prof. Dr. med. N. Zöllner,
112 S., 35 Farbtafeln, kartoniert. ●●

Diät bei Zuckerkrankheit
Rezeptteil von B. Zöllner. (3206-4) Von Prof.
Dr. med. P. Dieterle, 112 S., 42 Farbfotos,
4 vierfarbige Vignetten, 1 s/w-Zeichnung,
kartoniert. ●●

**Diät bei Störungen des Fettstoffwechsels
und zur Vorbeugung der Arteriosklerose**
Rezeptteil von B. Zöllner.
(3208-0) Von Prof. Dr. med. G. Wolfram,
104 S., 32 Farbfotos, kartoniert. ●●

**Ballaststoffreiche Kost bei Funktions-
störungen des Darms**
Rezeptteil von B. Zöllner.
(3212-9) Von Prof. Dr. med. H. Kasper, 96 S.,
34 Farbfotos 1 s/w-Foto, kart. ●●

**Diät bei Krankheiten des Magens und
Zwölffingerdarms**
Rezeptteil von B. Zöllner.
(3201-3) Von Prof. Dr. med. H. Kaess, 96 S.,
35 Farbfotos, 1 s/w-Zeichnung, kartoniert.
●●

**Diät bei Krankheiten der Gallenblase,
Leber und Bauchspeicheldrüse**
Rezeptteil von B. Zöllner.
(3207-2) Von Prof. Dr. med. H. Kasper, 88 S.,
35 Farbfotos, 1 s/w-Zeichnung, kart. ●●

Diät bei Übergewicht
Rezeptteil von B. Zöllner.
(3209-9) Von Prof. Dr. med. Ch. Keller,
104 S., 42 Farbfotos, 3 s/w-Zeichnungen,
kart. ●●

Garten und Tiere

Garten heute
Der moderne Ratgeber · Über 1000 Farbbil-
der. (4283-3) Von H. Jantra, 384 S., über
1000 Farbabb., Pappband. ●●●●

Helmut Jantras Gartenbuch
Obst · Gemüse · Blumen
(4522-0) Von H. Jantra, 200 S., 395 Farbfotos, 123 Farbzeichnungen, 25 Tabellen,
Pappband. ●

1000 ganz bewährte Garten-Tips
(4453-4) Von H. Jantra, 320 S., 288 zweifarbige und 62 s/w-Zeichnungen, Pappband.
●●●

Obst, Gemüse, Blumen, Gras
Gärtnern macht den Kindern Spaß
(4517-4) Von U. Krüger, 96 S., 85 Farbfotos,
180 Farbzeichnungen, Pappband. ●●

Rosen
Auswahl · Pflege · Gestaltung
(1183-0) Von H. Jantra, 120 S., 200 Farbfotos, 20 Farbzeichnungen, 8 Bepflanzungs-
pläne, kartoniert. ●●

Erfolgstips für den Obstgarten
Gesunde Früchte durch richtige Sortenwahl
und Pflege.
(0827-9) Von F. Mühl, 184 S., 16 Farbtafeln,
33 Zeichnungen, kartoniert. ●●

Erfolgstips für den Gemüsegarten
Mit naturgemäßem Anbau zu höherem
Ertrag. (0674-8) Von F. Mühl, 80 S., 30 s/w-
Fotos, 4 Zeichnungen, kartoniert. ●

Mischkultur im Nutzgarten
Mit Jahreskalender und Anbauplänen.
(0651-9) Von H. Oppel, 112 S., 8 Farbtafeln,
23 s/w-Fotos, 2 Zeichnungen, kartoniert. ●

Obstgehölze sachgemäß schneiden
(1127-X) Von P.G. Wilhelm, ca. 128 S., ca.
50 zweifarbige und 300 s/w-Zeichnungen,
kartoniert. ●●

Erfolgstips für den Ziergarten
Schmuckpflanzen und Rasen richtig pflegen.
(0930-5) Von F. Mühl, 156 S., 12 Farbtafeln,
26 s/w-Zeichnungen, kartoniert. ●●

Erfolgreich gärtnern mit
Frühbeet und Folie
(0828-7) Von Dr. Gustav Schoser, 88 S.,
8 Farbtafeln, 48 s/w-Zeichnungen, kart. ●

Gesunde Zierpflanzen im Garten
Krankheiten erkennen und behandeln.
Mit neuem Diagnose-System.
(4429-1) Von Prof. Dr. G. Stelzer, 208 S.,
456 Farbfotos, 5 s/w- und 5 Farbzeichnungen, Pappband. ●●●●

Erfolgreich gärtnern
durch naturgemäßen Anbau
(4252-3) Von I. Gabriel, 416 S., 176 Farbfotos, 212 Farbzeichnungen, Pappband. ●●●

Aktion Garten ohne Gift
Gesunde Umwelt durch natürlichen Pflanzen-
schutz.
Ein Praxis-Handbuch von E. Hoplitschek u.
B. M. Tegethoff. (4425-9) 176 S., 250 Farbfotos, 35 Farb- und 29 s/w-Zeichn., Pappband. ●●●●

Neuanlage eines Biogartens
Planung, Bodenvorbereitung, Gestaltung
(0721-3) Von I. Gabriel, 128 S., 73 Farbfotos,
39 Zeichnungen, kartoniert. ●●

Gesunde Pflanzen im Biogarten
Biologische Maßnahmen bei Schädlingsbe-
fall und Pflanzenkrankheiten.
(0707-8) Von I. Gabriel, 128 S., 126 Farbfotos, kartoniert. ●●

Obst und Beeren im Biogarten
Gesunde und schmackhafte Früchte durch
natürlichen Anbau. (0780-9) Von I. Gabriel,
128 S., 109 Farbabb., kartoniert. ●●

Gemüse im Biogarten
Gesunde Ernte durch natürlichen Anbau
(0830-9) Von I. Gabriel, 128 S., 26 Farbfotos,
86 Farbzeichnungen, kartoniert. ●●

Kräuter und Heilpflanzen im Biogarten
Gesunde Ernte durch natürlichen Anbau
(0929-1) Von I. Gabriel, 112 S., 63 Farbfotos,
19 Farbzeichnungen, kartoniert. ●●

Der biologische Zier- und Wohngarten
Planen, Vorbereiten, Bepflanzen und Pflegen
(0748-5) Von I. Gabriel, 128 S., 72 Farbfotos,
46 Farbzeichnungen, kartoniert. ●●

**Kosmische Einflüsse auf unsere Garten-
pflanzen**
Sterne beeinflussen Wachstum und Gesundheit der Pflanzen. (0708-6) Von I. Gabriel,
112 S., 100 Farbabb., kartoniert. ●●

Natürlich gärtnern unter Glas und Folie
Anbauen und ernten rund ums Jahr
(0722-1) Von I. Gabriel, 128 S., 62 Farbfotos,
45 Farbzeichnungen, kartoniert. ●●

Dekorative Kübelpflanzen
Auswahl und Pflege
(1074-5) Von H. Jantra, 112 S., 180 Farbfotos, 35 Farbzeichnungen, kartoniert. ●●

Blütenpracht auf Balkon und Terrasse
(0928-3) Von M. Haberer, 88 S., 139 Farbfotos, kartoniert. ●●

**Gemüse, Kräuter, Obst aus dem Balkon-
garten**
Erfolgreich ernten auf kleinstem Raum
(0694-2) Von S. Stein, 32 S., 34 Farbfotos,
6 Zeichnungen, Spiralbindung, kart. ●

Gestaltungsideen für
Schöne Gärten
(4482-8) Von H. Jantra, 168 S., 309 Farbfotos, 3 s/w-Fotos, Pappband. ●●●●●

Kleingärten
Planen · Anlegen · Pflegen
(1015-X) Von H. Jantra, 88 S., 123 Farbfotos,
1 s/w-Foto, 14 Farbzeichnungen, kart. ●●

Reihenhausgärten
Planen · Anlegen · Pflegen
(1016-8) Von H. Jantra, 104 S., 134 Farbfotos, 45 Farbzeichnungen, kartoniert. ●●

Steingärten Wirkungsvoll gestalten und
sachgerecht pflegen
(4452-6) Von A. Throll-Keller, 128 S., 203
Farbfotos, 56 Farbzeichnungen, Pappband.
●●●●

Gartenteiche, Tümpel und Weiher
naturnah anlegen und pflegen
(1073-7) Von F. Liedl, H. Goos, 80 S.,
87 Farbfotos, 39 Farbzeichnungen, kart. ●●

Wasser im Garten
Von der Vogeltränke zum Naturteich · Natürliche Lebensräume selbst gestalten.
(4230-2) Von H. Hendel, P. Keßeler, 240 S.,
315 Farbabb., 11 s/w-Fotos, Pappband.
●●●●●

9

Mein kleiner Gartenteich
planen – anlegen – pflegen
(0851-1) Von I. Polascheck, 144 S., 108 Farbabb., 6 s/w-Zeichnungen, kart. ●●

Pflanzen und Tiere für den Gartenteich
(1171-7) Von W. Costa, 128 S., 169 Farbfotos, 40 Farbzeichnungen, 8 Bepflanzungs-
pläne, kartoniert. ●●

Häuser in lebendigem Grün
Fassaden und Dächer mit Pflanzen gestalten
(0846-5) Von U. Mehl, K. Werk, 88 S., 116
Farbfotos, 4 Farb- und 17 s/w-Zeichnungen,
kartoniert. ●●

Wintergärten
Das Erlebnis, mit der Natur zu wohnen.
Planen, Bauen und Gestalten.
(4256-6) Von LOG ID, 136 S., 130 Farbfotos,
107 Zeichnungen, Pappband. ●●●●

Rund ums Jahr erfolgreich gärtnern
Gewächshäuser
planen · bauen · einrichten · nutzen
(4408-9) Von Dr. G. Schoser, J. Wolff, 232 S.,
368 Farbabb., 5 s/w-Fotos, Pappband.
●●●●●

Ziergräser
Über 100 Arten erfolgreich kultivieren
(0829-5) Von H. Jantra, 104 S., 73 Farbfotos,
6 Farbzeichnungen, kartoniert. ●●

Das moderne Handbuch **Zimmerpflanzen**
(4416-X) Von H. Jantra, 304 S., 766 Farbfotos, 64 Farb- und 19 s/w-Zeichnungen,
Pappband. ●●●●

365 Erfolgstips für schöne Zimmerpflanzen
(0893-7) Von H. Jantra, 144 S., 215 Farbfotos, kartoniert. ●●

Dekorative Blattpflanzen
Auswahl und Pflege
(1128-8) Von H. Jantra, 128 S., 198 Farbfotos, 20 Farbzeichnungen, kartoniert. ●●

Prof. Stelzers grüne Sprechstunde
Gesunde Zimmerpflanzen
Krankheiten erkennen und behandeln.
Mit neuem Diagnosesystem.
(4274-4) Von Prof. Dr. G. Stelzer, 192 S.,
410 Farbfotos, 10 s/w-Zeichnungen, Pappband. ●●●●

Hydrokultur
Pflanzen ohne Erde – mühelos gepflegt.
(0944-5) Von H.-A. Rotter, 144 S., 167 Farbfotos, 13 Farbzeichnungen, kart. ●●

Bonsai Japanische Miniaturbäume und
Miniaturlandschaften. Anzucht, Gestaltung
und Pflege.
(4091-1) Von B. Lesniewicz, 160 S.,
106 Farbfotos, 46 s/w-Fotos, 115 Zeichnungen, gebunden. ●●●●●

Fibel für Kakteenfreunde
(0199-1) Von H. Herold, 102 S., 23 Farbfotos, 37 s/w-Abb., kartoniert. ●

Grzimek Juniors **BUNTE TIERWELT**
(4295-7) Von Chr. Grzimek, 208 S.,
308 Farbfotos, Pappband. ●●●

Hunde
Rassen · Ausbildung · Pflege · Zucht
(4118-7) Von H. Bielfeld, 192 S., 222 Farb-
und 73 s/w-Abb., Pappband. ●●●●

Das neue Hundebuch
Rassen · Aufzucht · Pflege
(0009-X) Von W. Busack, überarbeitet von
Dr. med. vet. A. H. Hacker und H. Bielfeld,
112 S., 8 Farbtafeln, 27 s/w-Fotos, 6 Zeichnungen, kartoniert. ●

Alles über Dackel, Teckel und Dachshunde
(1079-6) Von M. Wein-Gysae, 80 S., 46 Farbfotos, 2 zweifarbige Zeichnungen, kart. ●●

Hundeausbildung
Verhalten · Gehorsam · Ausbildung
(0346-3) Von R. Menzel, 88 S., 26 Fotos,
kartoniert. ●

Grundausbildung für Gebrauchshunde
Schäferhund, Boxer, Rottweiler, Dobermann,
Riesenschnauzer, Airedaleterrier, Hovawart
und Bouvier.
(0801-5) Von M. Schmidt und W. Koch.
104 S., 8 Farbtafeln, 51 s/w-Fotos, 5 s/w-
Zeichnungen, kartoniert. ●

Der Hund in der Familie
(1014-1) Von J. Werner, 128 S., 106 Farbfotos, kartoniert. ●●

Der Deutsche Schäferhund
(1091-5) Von U. Förster, 112 S., 47 Farbzeichnungen, 2 s/w-Fotos, kartoniert. ●●

Der Deutsche Schäferhund
Aufzucht, Pflege und Ausbildung
(0073-1) Von A. Hacker, 104 S., 56 Abbildungen, kartoniert. ●

Alles über junge Hunde
(0863-5) Von Dr. med. vet. E. M. Bartenschla-
ger, 64 S., 49 Farbfotos, 6 Zeichnungen,
kartoniert. ●

Richtige Hundeernährung
(0811-2) Von Dr. med. vet. E. M. Bartenschla-
ger, 80 S., 51 Farbfotos, 4 Farbzeichn., kartoniert. ●

Hundekrankheiten
(1077-X) Von Dr. med. vet. R. Spangenberg,
96 S., 44 Farb- und 1 s/w-Foto, 22 Farbzeichnungen, kartoniert. ●

Von Ajax bis Zamperl
Die beliebtesten Hunde-Namen
(1174-1) Von H.-J. Schließke, ca. 80 S., kartoniert. ●

Katzen
Rassen · Verhalten · Pflege · Zucht
(4158-6) Von B. Gerber, 176 S., 294 Farb-
und 88 s/w-Fotos, Pappband. ●●●●

Das neue Katzenbuch
Rassen · Aufzucht · Pflege.
(0427-3) Von B. Eilert-Overbeck, 120 S.,
14 Farbfotos, 26 s/w-Fotos, kartoniert. ●●

Katzenkrankheiten
erkennen und behandeln
(1078-8) Von Dr. med. vet. R. Spangenberg,
104 S., 40 Farbfotos und 11 Farbzeichnungen, kartoniert. ●●

Junge Katzen
(0862-7) Von Dr. med. vet. E. M. Bartenschla-
ger, 72 S., 40 Farbfotos, 4 Farbzeichnungen,
kartoniert. ●

Pferde
(4186-1) Von H. Werner, 176 S., 196 Farb-
und 50 s/w-Fotos, 100 Zeichnungen, Pappband. ●●●●

Reiten im Bild
(0415-X) Von H. Werner, 128 S., 142 Farbfotos, 107 Farbzeichnungen, kartoniert. ●●

Der Hobby-Imker
(0978-X) Von Dr. R. F. A. Moritz, 144 S., 106
zweifarbige Zeichnungen, kartoniert. ●●

Geflügelhaltung als Hobby
(0749-3) Von M. Baumeister, H. Meyer, 184
S., 8 Farbtafeln, 47 s/w-Fotos, 15 zweifarbige
Zeichnungen, kartoniert. ●●

Sittiche und kleine Papageien
(0864-3) Von Dr. med. vet. E. M. Bartenschla-
ger, 88 S., 84 Farbfotos, 9 Zeichnungen,
kartoniert. ●●

Alles über Wellensittiche
(1129-6) Von H. Bielfeld, 64 S., 53 Farbfotos,
3 Zeichnungen, kartoniert. ●●

Alles über Kanarienvögel
(0901-1) Von H. Schnoor, 64 S., 58 Farbfotos
und Zeichnungen, kartoniert. ●

Die Tiersprechstunde
Artgerechte Vogelfütterung im Winter
(0908-9) Von Dr. W. Keil, 64 S., 51 Farbfotos
und Zeichnungen, kartoniert. ●

Süßwasser-Aquarium
(4191-8) Von H. J. Mayland, 288 S., 564
Farbfotos, 75 Zeichnungen, Pappband.
●●●●●

Die Tiersprechstunde
Gesunde Fische im Süßwasseraquarium
(1013-3) Von H. J. Mayland, 96 S., 73 Farbfotos, 10 Zeichnungen, kartoniert. ●

Tiere im Wassergarten
(0808-2) Von Dr. med. vet. E. M. Bartenschla-
ger, 96 S., 84 Farbfotos, 7 Zeichnungen,
kartoniert. ●●

Die Tiersprechstunde
Alles über Zwerg- und Goldhamster
(1012-5) Von M. Mettler, 96 S., 96 Farbfotos,
kartoniert. ●

Alles über Chinchillas und Degus
(1130-X) Von M. Mettler,.96 S., 80 Farbfotos,
3 Zeichnungen, kartoniert. ●●

Alles über Meerschweinchen
(0809-0) Von Dr. med. vet. E. M. Bartenschla-
ger, 72 S., 43 Farbfotos, 11 Farbzeichnungen, kartoniert. ●

Alles über Igel in Natur und Haus
(0810-4) Von Dr. med. vet. E. M. Bartenschla-
ger, 68 S., 51 Farbfotos, kartoniert. ●

Alles über Zwergkaninchen
(1075-3) Von M. Mettler, 64 S., 52 Farbfotos,
kartoniert. ●

Reise

Vom Morgenland ins Reich der Sonnengöttin
Lebensbilder aus dem Nahen und Fernen
Osten. (4449-6) Von J. Schneider, H. Schoen,
160 S., 266 Farbfotos, 1 farbige Karte, Pappband. ●●●●

Traumreisen
Unterwegs auf den schönsten Straßen der
Welt. (4468-2) Von T. Pehle, 192 S.,
288 Farbfotos, 12 Zeichnungen, Pappband.
●●●●

Streifzüge durch die deutsche Kulturge-schichte
(4490-9) Von L. von Saalfeld, Dr. D. Kreidt,
U. Stöckel, A. Hürmer, 208 S., über 100 Farbfotos, 52 Lagepläne, Pappband. ●●●

Der Metternich 90/91
Die besten Adressen für Feinschmecker in
Deutschland. (4488-7) Hrsg. von P. A. Fürst
von Metternich-Winneburg, bearbeitet von C.
Arius, 384 S., 366 Farbfotos, 5 Übersichts-
karten, Pappband. ●●●●

Berlin
Die neue Metropole
(1145-8) Von R. Mader, 96 S., 116 Farbfotos,
15 hist. Landschafts- und Städteabbildungen,
1 Stadtplan, kartoniert. ●●

An der Ostseeküste in Mecklenburg
(1137-7) Von R. Mader, 96 S., 94 Farbfotos,
18 hist. Städte- und Landschaftsabbildungen,
kartoniert. ●●

Der Thüringer Wald und die Dichterstädte
(1135-0) Von R. Mader, 96 S., 95 Farbfotos,
17 hist. Landschafts- und Städteabbildungen,
kartoniert. ●●

Der Harz
(1144-X) Von R. Mader, 96 S., 100 Farbfotos,
17 hist. Städte- und Landschaftsabbildungen,
kartoniert. ●●

Dresden
Barockperle an der Elbe
(1134-2) Von R. Mader, 96 S., 97 Farbfotos,
13 hist. Landschafts- und Städteabbildungen,
1 s/w-Foto, 1 aufklappbarer Stadtplan, kart.
●●

Vom Spreewald zur Lausitz
(1136-9) Von R. Mader, 96 S., 95 Farbfotos,
11 hist. Landschafts- und Städteabbildungen,
1 Panoramakarte, kartoniert. ●●

FALKEN Video
Reiseziel DDR
(6061-0) VHS, ca. 60 Minuten, in Farbe,
Kompaktreiseführer mit Panoramakarte im
Taschenformat. ●●●●*

FALKEN Video
Reiseziel Berlin
(6067-X) VHS, ca. 60 Minuten, in Farbe,
Kompaktreiseführer mit Panoramakarte im
Taschenformat. ●●●●G*

FALKEN Video
Reiseziel Ostseeküste DDR
(6062-9) VHS, ca. 60 Minuten, in Farbe,
Kompaktreiseführer mit Panoramakarte im
Taschenformat. ●●●●●*

FALKEN Video
Reiseziel USA
Der Südwesten mit LAS VEGAS und den
schönsten Sehenswürdigkeiten in den
ROCKY MOUNTAINS.
(6055-6) VHS, ca. 60 Minuten, in Farbe,
Kompaktreiseführer mit Panoramakarte im
Taschenformat. ●●●●●*

FALKEN Video
Info-Tour USA
Die Highlights aus dem FALKEN Reisepro-
gramm New York, Kalifornien, Florida und
USA Süd-West.
(6060-2) VHS, ca. 30 Minuten, in Farbe. ●*

FALKEN Video
Reiseziel New York
(6048-3) VHS, ca. 60 Minuten, in Farbe, mit
Begleitbroschüre. ●●●●●*

FALKEN Video
Reiseziel Florida
(6054-8) VHS, ca. 60 Minuten, in Farbe,
Kompaktreiseführer mit Panoramakarte im
Taschenformat. ●●●●●*

FALKEN Video
Reiseziel Kalifornien
San Francisco und die schönsten Ziele in
Kalifornien.
(6049-1) VHS, ca. 60 Minuten, in Farbe, mit
Begleitbroschüre. ●●●●●*

FALKEN Video
Reiseziel Hawaii
(6063-7) VHS, ca. 60 Minuten, in Farbe,
Kompaktreiseführer mit Panoramakarte im
Taschenformat. ●●●●●*

FALKEN Video
Reiseziel Thailand
Exotisches Bangkok, traumhafte Strände,
berühmte Tempel und Paläste.
(6065-3) VHS, ca. 60 Minuten, in Farbe,
Kompaktreiseführer mit Panoramakarte im
Taschenformat. ●●●●●*

FALKEN Video
Reiseziel Kanarische Inseln
Schöne Strände, interessante Exkursionen.
(6065-5) VHS, ca. 60 Minuten, in Farbe,
Kompaktreiseführer mit Panoramakarte im
Taschenformat. ●●●●●*

FALKEN Video
Reiseziel Irland
Entdeckungsreise mit Boot und Planwagen,
präzise Informationen, praktische Tips.
(6059-9) VHS, ca. 60 Minuten, in Farbe,
Kompaktreiseführer mit Panoramakarte im
Taschenformat. ●●●●●*

FALKEN Video
Reiseziel Norwegen
Rundreise zu den schönsten Fjorden, präzise
Informationen, praktische Tips.
(6058-0) VHS, ca. 60 Minuten, in Farbe,
Kompaktreiseführer mit Panoramakarte im
Taschenformat. ●●●●●*

Rat und Wissen

Der gute Ton
in Gesellschaft und Beruf.
(0063-4) Von I. Wolter, 80 S., 42 s/w-Fotos,
7 Zeichnungen, kartoniert. ●

Der gute Ton
im Privatleben.
(1111-3) Von I. Wolter, bearbeitet von Wolf
Stenzel, 104 S., 42 s/w-Abbildungen, kartoniert. ●

Umgangsformen heute
Die Empfehlungen des Fachausschusses für
Umgangsformen.
(4015-6) Von C. Cording, 108 s/w-Fotos, 17 Zeichnungen, Pappband. ●●●

Benehmen bei Tisch
(0988-7) Von I. Cording, 80 S., 90 Farbfotos,
5 s/w-Zeichnungen, kartoniert. ●●

Krawatten
Fliegen, Schals und Tücher gekonnt binden
(1072-9) Von Y. Thalheim, H. Nadolny, 48 S.,
129 Farbfotos, 1 s/w-Foto, Pappband. ●

Wir heiraten
Ratgeber zur Vorbereitung und Festgestal-
tung der Verlobung und Hochzeit.
(4188-8) Von C. Poensgen, 216 S., 8 s/w-
Fotos, 30 s/w-Zeichnungen, 8 Farbtafeln,
Pappband. ●●●

**Von der Verlobung zur Goldenen
Hochzeit**
(0393-5) Von E. Runge, 112 S., kartoniert. ●

Hochzeits- und Bierzeitungen
Muster, Tips und Anregungen.
(0288-2) Von H.-J. Winkler, mit vielen Text-
und Gestaltungsanregungen, 116 S., 15 Abb.,
1 Musterzeitung, kartoniert. ●

Die Silberhochzeit
Vorbereitung · Einladung · Geschenkvor-
schläge · Dekoration · Festablauf · Menüs ·
Reden · Glückwünsche. (0542-3) Von K. F.
Merkle, 112 S., 41 Zeichnungen, kartoniert. ●

Wie soll es heißen?
(0211-4) Von D. Köhr, 136 S., kartoniert. ●

Unsere beliebtesten Vornamen
(1023-0) Von A. F.W. Weigel, 160 S., 75 s/w-
Fotos, Pappband. ●●

**Kindergedichte, Lieder und Sketche für
Hochzeitsfeiern**
(1112-1) Von B. Lins, 72 S., 26 farbige Abbildungen, 15 Lieder, kartoniert. ●

**Kindergedichte zur grünen, silbernen und
goldenen Hochzeit**
(0318-8) Von H.-J. Winkler, 104 S., 20 Abb.,
kartoniert. ●

Kindergedichte für Familienfeste
(0860-0) Von B. H. Bull, 96 S., 20 Zeichnungen, kartoniert. ●

Kindergedichte rund ums Jahr
(1040-0) Von A. Schweiggert, 80 S., 49
Zeichnungen, 6 Vignetten, kartoniert. ●

Ins Gästebuch geschrieben
(0576-8) Von K. H. Trabeck, 96 S., 24 Zeichnungen, kartoniert. ●

Der Verseschmied
Kleiner Leitfaden für Hobbydichter. Mit Reim-
lexikon.
(0597-0) Von T. Parisius, 96 S., 28 Zeichnungen, kartoniert. ●

Die schönsten Volkslieder
(0432-X) Hrsg. D. Walther, 128 S., mit Noten
und Zeichnungen, kartoniert. ●

Wo man singt . . .
Lieder aus Deutschland
(4507-7) Hrsg. von R. Werion, Prof. H. Rauhe,
H. R. Beierlein, 288 S., 217 Farbzeichnungen,
Pappband. ●●●

Neue Glückwunschfibel
für groß und klein. (0156-8) Von R. Christian-
Hildebrandt, 96 S., 13 Vignetten, kartoniert.
●

Großes Buch der Glückwünsche
(0255-6) Hrsg. von O. Fuhrmann, 176 S., 77
Zeichnungen und viele Gestaltungsvor-
schläge, kartoniert. ●●

Verse fürs Poesiealbum
(0241-6) Von I. Wolter, 96 S., 20 Abb.,
kartoniert. ●

**Heiter und besinnliche
Verse fürs Poesiealbum**
(1069-9) Von B. H. Bull, 160 S., 70 zweifarbige Illustrationen, Pappband. ●●

Reden und Ansprachen
für jeden Anlaß. (4009-1) Hrsg. von F. Sicker,
454 S., gebunden. ●●●

Die Kunst der freien Rede
Ein Intensivkurs mit vielen Übungen,
Beispielen und Lösungen.
(4189-6) Von G. Hirsch, 232 S., 11 Zeichnungen, Pappband. ●●●

Festreden und Vereinsreden
Muster für alle Gelegenheiten
(0069-3) Von K. Lehnhoff, E. Ruge, 96 S.,
kartoniert. ●

**Trinksprüche, Gästebuchverse,
Richtsprüche**
(0224-6) Von D. Kellermann, 96 S., kartoniert. ●

**Glückwünsche, Toasts und Festreden zur
Hochzeit**
(0264-5) Von I. Wolter, 112 S., 18 Zeichnungen, kartoniert. ●

**Reden zur Taufe, Kommunion und
Konfirmation**
(0751-5) Von G. Georg, 96 S., kartoniert. ●

Reden zu Familienfesten
Musteransprachen für viele Gelegenheiten
(0675-6) Von G. Georg, 112 S., kartoniert. ●

Reden im Verein
Musteransprachen für viele Gelegenheiten
(0703-5) Von G. Georg, 112 S., kartoniert. ●

Reden zum Jubiläum
Musteransprachen für viele Gelegenheiten
(0595-4) Von G. Georg, 112 S., kartoniert. ●

**Reden und Sprüche zu Grundsteinlegung,
Richtfest und Einzug**
(0598-0) Von A. Bruder, G. Georg, 96 S.,
kartoniert. ●

Die überzeugende Rede
Mehr Erfolg durch bessere Rhetorik
(0076-6) Von K. Wolter, G. Kunz, 96 S.,
kartoniert. ●

Moderne Korrespondenz
Handbuch für erfolgreiche Briefe
(4014-8) Von H. Kirst und W. Manekeller,
544 S., Pappband. ●●●●

Musterbriefe
für alle Gelegenheiten.
(0231-9) Hrsg. von O. Fuhrmann, 240 S.,
kartoniert. ●●

FALKEN-Software
**Musterkorrespondenz in Deutsch, Eng-
lisch, Französisch, Italienisch, Spanisch**
(7041-1) Diskette 5 1/4" für IBM-PC + Kompatible, mit Begleitbroschüre. ●●●●●*
(7051-9) Diskette 3 1/2" für IBM-PC + Kompatible, mit Begleitbroschüre. ●●●●●*

FALKEN-Software
TEXAD
Das komfortable Korrespondenzprogramm
für den privaten und geschäftlichen Bereich
(7017-9) 2 Disketten für IBM-PC + Kompatible, 5 1/4˝, mit Begleitheft, **DM 198,–**˚, S
1980,-˚, SFr 198,–˚.
(7048-9) Diskette 3 1/2˝, mit Handbuch.
●●●●●˚
(7049-7) Demo-Version 5 1/4˝, o. Handbuch.
●●˚
(7050-0) Demo-Version 3 1/2˝, o. Handbuch.
●●˚

Privatbriefe
Muster für alle Gelegenheiten. **(0114**-2) Von
I. Wolter-Rosendorf, 112 S., kart.●
Erfolgstips für den Schriftverkehr
Briefgestaltung · Rechtschreibung · Zeichensetzung · Stil. **(0678**-0) Von U. Schoenwald,
112 S., kart.●
Geschäftliche Briefe
des Privatmanns, Handwerkers, Kaufmanns
(0041-3) Von A. Römer, 124 S., kart. ●
Behördenkorrespondenz
Musterbriefe · Anträge · Einsprüche
(0412-5) Von E.Ruge, 112 S., kart.●
Worte und Briefe der Anteilnahme
(0464-8) Von E. Ruge, 96 S., mit vielen Abb.,
kart. ●
Briefe zu Geburt und Taufe
Glückwünsche und Danksagungen. **(0802**-3)
Von H. Beitz, 96 S., 12 Zeichnungen, kart. ●
Briefe zum Geburtstag
Glückwünsche und Danksagungen. **(0822**-8)
Von H. Beitz, 104 S., 22 Zeichnungen, kart. ●
Briefe der Liebe
Anregungen für gefühlvolle und zärtliche
Worte. **(0903**-8) Hrsg. von H. Beitz, 96 S.,
4 Zeichnungen, kart. ●
**Erziehungsgeld, Mutterschutz,
Erziehungsurlaub**
Das neue Recht für Eltern
(0835-X) Von J. Grönert, 144 S., kart. ●
Liebe ja – Ehe nein
Die nichteheliche Lebensgemeinschaft
(1071-0) Von T. Drewes, 104 S., 8 s/w-Zeichnungen, kartoniert. ●
Scheidung und Unterhalt
nach dem neuen Eherecht.
(0403-6) Von T.Drewes, 112 S., mit Kosten
und Unterhaltstabellen, kart. ●
Testament und Erbschaft
Erbfolge, Rechte und Pflichten der Erben, Erbschafts- und Schenkungssteuer, Mustertestamente. **(4139**-X) Von T. Drewes, R. Hollender,
304 S., Pappband. ●●●
Der letzte Wille
Ratgeber für Erblasser, Erben und Hinterbliebene in Rechts-, Versorgungs- und Steuerfragen **(0939**-9) Von T. Drewes, 136 S., 9 s/w-Zeichnungen, kart. ●
Mietrecht
Leitfaden für Mieter und Vermieter
(0479-6) Von J. Beuthner, 196 S., kart. ●●
Präzise Ratschläge für **Ihre optimale Rente**
Vorbereitung · Berechnungsgrundlagen ·
Gesetzesänderungen · Individuelle Rechenbeispiele. **(0806**-6) Von K. Möcks, 96 S., 24
Formulare, 1 Graphik, kart. ●
Haushaltstips praktisch und umweltfreundlich
(1046-X) Von K. Winkell, 96 S., 36 Zeichnungen, kartoniert. ●
Haushaltstips von A – Z
(0759-0) Von A. Eder, 80 S., 30 Zeichnungen, kartoniert. ●

Der Umweltfahrplan
Ein praktischer Ratgeber für Haushalt und
Familie
(1103-2) Von K. Riedesser, hrsg. von der
Aktionsgemeinschaft Umwelt, Gesundheit,
Ernährung e. V., Hamburg, 144 S., 34 s/w-
Zeichnungen, kart. ●
Wege zum Börsenerfolg
Aktien · Anleihen · Optionen
(4275-3) Von H. Krause, 252 S., 4 s/w-Fotos,
86 Zeichnungen, Pappband. ●●●●
FALKEN-Software
Börsenfieber
Spielend spekulieren mit Geld und Aktien
(7016-0) IBM-PC und Kompatible, Diskette
5 1/4˝, mit Begleitheft, ●●●●●˚
(7026-8) für C 64/C 128 PC, mit Begleitheft
(7027-6) für Atari ST 520/1040, mit Begleitheft
(7028-4) für Amiga, mit Begleitheft
(7044-6) für IBM PC + Kompatible, Diskette
3 1/2˝, mit Begleitheft
FALKEN-Software
Börsenfieber
Über 100 neue Ereignisse
(7066-7) Diskette 5 1/4˝ für IBM-PC + Kompatible, mit Begleitbroschüre. ●●●˚
(7067-5) Diskette 3 1/2˝ für IBM-PC + Kompatible, mit Begleitbroschüre. ●●●˚
FALKEN-Software
Broker King
Cash und crash an der Terminbörse. Mit
Warentermingeschäft und Optionshandel
(7057-8) Diskette 5 1/4˝ für IBM-PC + Kompatible, mit Begleitbroschüre. ●●●●● ˚
(7058-6) Diskette 3 1/2˝ für IBM-PC + Kompatible, mit Begleitbroschüre. ●●●●●˚
Richtige Groß- und Kleinschreibung
durch neue, vereinfachte Regeln. Erläuterungen der Zweifelsfragen anhand vieler Beispiele.
(0897-X) Von Prof. Dr. Ch. Stetter, 96 S., kart.
●
Gutes Deutsch schreiben und sprechen
(4432-1) Von W. Manekeller, Dr. G. Reinert-Schneider, 416 S., durchgehend zweifarbig,
Pappband. ●●●●
Mehr Erfolg in der Schule
**Deutsche Rechtschreibung und
Grammatik**
Übungen und Beispiele für die Klassen 5-10.
(4407-0) Von K. Schreiner, 256 S., durchgehend zweifarbig, Pappband. ●●●●
Richtiges Deutsch Rechtschreibung ·
Zeichensetzung · Grammatik · Stilkunde.
(0551- 2) Von K. Schreiner, 128 S., 7 Zeichnungen, kart. ●
Besseres Deutsch
Mit Übungen und Beispielen für Rechtschreibung, Diktate, Zeichensetzung, Aufsätze,
Grammatik, Literaturbetrachtung, Stil, Briefe,
Fremdwörter, Reden.
(4115-2) Von K. Schreiner, 444 S., 7 s/w-
Fotos, 27 Zeichnungen, Pappband. ●●●●
Richtige Zeichensetzung
durch neue, vereinfachte Regeln. Erläuterungen der Zweifelsfragen anhand vieler
Beispiele.
(0744-4) Von Prof. Dr. Ch. Stetter, 160 S.,
kart. ●
Diktate besser schreiben
Übungen zur Rechtschreibung für die Klassen 4 bis 8
(0469-9) Von K. Schreiner, 152 S., 31 Zeichnungen, kartoniert. ●●
Deutsche Grammatik
Ein Lern- und Übungsbuch
(0704-3) Von K. Schreiner, 122 S., kart. ●
Aufsätze besser schreiben
Förderkurs für die Klassen 4 – 10
(0429-X) Von K. Schreiner, 144 S., 31 Abb.,
kartoniert. ●●

Mehr Erfolg in der Schule
Der Deutschaufsatz
Übungen und Beispiele für die Klassen 5-10.
(4271-X) Von K. Schreiner, 240 S., 4 s/w-
Fotos, 51 Zeichnungen, Pappband. ●●●
Mehr Erfolg in der Schule
Deutsch
Textinterpretation, Literaturgeschichte und
Stilkunde
(4483-6) Von K. Schreiner, 272 S., 43 zweifarbige Zeichnungen, Pappband. ●●●●
Mehr Erfolg in der Schule **Mathematik 1**
Arithmetik und Algebra. Übungen, Beispiele
und Lösungen für die Klassen 5 bis 10.
(4420-8) Von R. Müller-Fonfara, 256 S.,
193 Zeichn., 2 s/w-Fotos, Pappband. ●●●
Mehr Erfolg in der Schule
Mathematik 2
Geometrie, Statistik, Wahrscheinlichkeitsrechnung und kaufmännisches Rechnen
(4456-9) Von R. Müller-Fonfara, W. Scholl,
256 S., 6 s/w-Fotos, 304 Zeichnungen, Pappband. ●●●
**Mathematische Formeln für Schule und
Beruf**
Mit Beispielen und Erklärungen.
(0499-0) Von R. Müller-Fonfara, 156 S.,
210 Zeichnungen, kart. ●
Schülerlexikon der Mathematik
Formeln, Übungen und Begriffserklärungen
für die Klassen 5 – 10
(0430-3) Von R. Müller-Fonfara, 176 S.,
96 Zeichnungen, kart. ●
Mathematik-Textaufgaben leicht gelöst
Aufgaben · Lösungsstrategien · Anwendungsbeispiele
(1022-2) Von R. Müller-Fonfara, 128 S., 4
Zeichnungen, kartoniert. ●●
Rechnen aufgefrischt für Schule und Beruf.
(0100-2) Von H. Rausch, 144 S., kart. ●
FALKEN-Software
Wirtschaftsrechnen in Beruf und Alltag
(7037-3) Diskette für IBM-PC und Kompatible, mit Begleitheft. ●●●●●˚
Mehr Erfolg in der Schule
Physik
Mechanik · Wärmelehre · Optik · Elektrizität ·
Atomphysik
(4448-8) Von Dr. T. Neubert, 240 S., 219
Zeichnungen, Pappband. ●●●
Physik verständlich
Förderkurs für die Klassen 7 bis 10
(0926-7) Von Dr. Th. Neubert, 136 S., 146
s/w-Zeichnungen, 166 Aufgaben, kart. ●●
Besseres Englisch
Grammatik und Übungen für die Klassen 5
bis 10.
(0745-0) Von E. Henrichs, 144 S., kart. ●●
Mehr Erfolg in der Schule
Englische Grammatik
Regeln und Übungen für die Klassen 5 bis 13
(4431-3) Von E. Henrichs-Kleinen, 256 S.,
durchgehend zweifarbig, Pappband. ●●●
FALKEN-Software
Business English for Secretaries
Lernen und üben in berufsbezogenen Situationen **(7035**-7) Diskette 5 1/4˝ für IBM-PC +
Kompatible, mit Begleitbroschüre. ●●●●●˚
(7059-4) Diskette 3 1/2˝ für IBM-PC + Kompatible, mit Begleitbroschüre. ●●●●●˚
FALKEN-Software
The Grammar-Master
Englische Grammatik üben und beherrschen
(7002-0) Diskette für den C 64/C 128 PC
●●●●˚
(7030-6) Diskette für IBM-PC + Kompatible,
mit Begleitheft. ●●●●● ˚
(7031-4) Diskette für Atari ST 520/1040, mit
Begleitheft. ●●●●● ˚
(7032-2) Diskette für Amiga, mit Begleitheft.
●●●●●˚

FALKEN-Software
Vokabeltrainer Englisch
Von B. Hoppius. (**7001**-2) 2 Disketten für
C 64/C 128 PC mit Begleitheft. ●●●●●*
(**7007**-1) Wendediskette für Atari ST 520/
1040, mit Begleitheft. ●●●●●*
(**7034**-9) Diskette 5 1/4″ für IBM-PC + Kompatible, mit Begleitheft. ●●●●●*
(**7084**-5) Diskette 3 1/2″ für IBM-PC + Kompatible, mit Begleitheft. ●●●●●*

FALKEN-Software
Vokabeltrainer Französisch
Über 2000 Vokabeln und Redewendungen
frei erweiterbar
(**7018**-7) Systemdiskette u. Wendediskette
für C 64/C 128 PC, mit Begleitheft, (**7019**-5)
Diskette 5 1/4″ für IBM-PC und Komp., mit
Begleitheft. ●●●●●*

FALKEN-Software
Je finis, tu finis . . .
maîtrisez la grammaire française
Französische Grammatik lernen und
beherrschen
(**7053**-5) Diskette 5 1/4″ für IBM-PC + Kompatible, mit Begleitbroschüre. ●●●●●
(**7069**-1) Diskette 3 1/2″ für IBM-PC + Kompatible, mit Begleitbroschüre. ●●●●●*

FALKEN-Software
Le monde des affaires en français
Wirtschaftsfranzösisch leicht gelernt
(**7064**-3) Diskette 5 1/4″ für IBM-PC + Kompatible, mit Begleitbroschüre. ●●●●●*
(**7068**-3) Diskette 3 1/2″ für IBM-PC + Kompatible, mit Begleitbroschüre. ●●●●●*

Besseres Französisch
Grammatik und Übungen für die Klassen 9
bis 11
(**1039**-7) Von R. Lübke, 114 S., durchgehend
zweifarbig, kartoniert. ●●

FALKEN-Software
Vokabeltrainer Italienisch
Über 2000 Vokabeln und Redewendungen
frei erweiterbar
(**7065**-9) Diskette 5 1/4″ für IBM-PC + Kompatible, mit Begleitbroschüre. ●●●●●*
(**7064**-0) Diskette 3 1/2″ für IBM-PC + Kompatible, mit Begleitbroschüre. ●●●●●*

FALKEN-Software
Vokabel Trainer Latein
Über 2000 Vokabeln und Redewendungen
frei erweiterbar
(**7022**-5) Von B. Hoppius, Wendediskette für
C 64/C 128 PC, mit Begleitheft. ●●●●●*
(**7033**-0) Diskette 5 1/4″ für IBM-PC + Kompatible, mit Begleitheft. ●●●●●*
(**7085**-3) Diskette 3 1/2″ für IBM-PC + Kompatible, mit Begleitheft. ●●●●●*

Schnell und sicher zum Führerschein
Tips und Tricks aus 30jähriger-Fahrschul-
Praxis.
(**0921**-6) Von O. Einert, 152 S., 156 Farbfotos, 161 z. T. farb. Zeichnungen, kart. ●●

FALKEN-Software
Schnell und sicher zum Führerschein
Intensivtraining mit dem amtlichen Fragenkatalog
(**7024**-1) Diskette für Atari ST 520/1040, mit
Begleitheft. ●●●●● *
(**7029**-2) Diskette für Amjga, mit Begleitheft.
●●●●●*

Erfolgreiche Bewerbung um einen Aus-
bildungsplatz
(**0715**-9) Von H. Friedrich, 128 S., kart. ●

Bewerbungsstrategien
Erfolgreiche Konzepte für Karrierebewußte
(**1027**-3) Von Dr. W. Reichel, 128 S., kartoniert. ●●

Karriereplanung mit System
Bewerbungsstrategien für erfolgsorien-
tierte Frauen
(**4455**-0) Von R. Ibelgaufts, 144 S.,
20 Cartoons, Pappband. ●●

Die Bewerbung
Der moderne Ratgeber für Bewerbungsbriefe,
Lebenslauf und Vorstellungsgespräche.
(**4138**-1) Von W. Manekeller, 264 S., Pappband. ●●●

Die erfolgreiche Bewerbung
Bewerbung und Vorstellung
(**0173**-8) Von W. Manekeller, U. Schoenwald,
144 S., kartoniert. ●●

Lebenslauf und Bewerbung
Beispiele für Inhalt, Form und Aufbau
(**0428**- 1) Von H. Friedrich, 112 S., kart. ●

Erfolgreiche Bewerbungsbriefe und
Bewerbungsformen
(**0138**-X) Von W. Manekeller, U. Schoenwald,
88 S., kart. ●

Vorstellungsgespräche
sicher und erfolgreich führen.
(**0636**-5) Von H. Friedrich, 144 S., kart. ●

Keine Angst vor Einstellungstests
Ein Ratgeber für Bewerber.
(**0793**-6) Von Ch. Titze. 120 S., 67 Zeichnungen, kart. ●

FALKEN-Software
Einstellungstests
(**7013**-6) Von B. Hoppius, Wendediskette für
C 64/C 128 PC, mit Begleitheft. ●●●● *

Die ersten Tage am neuen Arbeitsplatz
Ratschläge für den richtigen Umgang mit
Kollegen und Vorgesetzten
(**0855**-4) Von H. Friedrich, 104 S., kart. ●

Zeugnisse im Beruf
richtig schreiben, richtig verstehen
(**0544**-X) Von H. Friedrich, 104 S., kart. ●

So lernt man leicht und schnell
Maschinenschreiben
Lehrbuch für Schulen, Lehrgänge und Selbstunterricht. (**0568**-7) Von M. Kempkes, 112 S.,
48 Zeichnungen, kart. ●●

FALKEN-Software
Maschinenschreiben und Tastaturtraining
für Computer
(**7009**-8) Von B. Hoppius, Diskette 5 1/4″ u.
3 1/2″ für IBM-PC + Kompatible, mit Begleitheft. ●●●●●*

Maschinenschreiben im Selbstunterricht
(**0170**-3) Von A. Fonfara, 88 S., kart. ●

Buchführung leicht gemacht
Ein methodischer Grundkurs für den Selbst-
unterricht. (**4238**-8) Von D. Machenheimer,
R. Kersten, 252 S., Pappband ●●●●

Buchführung leicht gefaßt
Für Handwerker, Gewerbetreibende und frei-
beruflich Tätige. (**0127**-4) Von R. Pohl,
104 S., kart. ●

Stenografie leicht gelernt
im Kursus oder Selbstunterricht
(**0266**-1) Von H. Kaus, 64 S., kart. ●

Gitarre spielen
Ein Grundkurs für den Selbstunterricht
(**0534**-2) Von A. Roßmann, 96 S., 1 Schall-
folie, 150 Zeichnungen, kart. ●●●

Das große Buch der
Antworten auf Kinderfragen
(**4477**-1) Von H. Hofmann, U. Kopp, G. Janko-
vics u. a., 192 S., 308 Farbzeichnungen,
Pappband. ●●●

Das neue, farbige
Jugendlexikon
(**4472**-0) Von J. Frey, D. Rex, 304 Seiten,
269 Farb- u. 52 s/w-Fotos, 6 Farbzeichn.,
Pappband. ●●●

Das große farbige Kinderlexikon
(**4195**-0) Von U. Kopp, 320 S., 493 Farbabb.
17 s/w-Fotos, Pappband. ●●●

Die Faszination der Philatelie
Briefmarken sammeln
(**4273**-6) Von D. Stein, 212 S., 124 s/w-Fotos,
24 Farbtafeln, Pappband. ●●●

Briefmarken sammeln
(**0481**-8) Von D. Stein, 120 S., 4 Farbtafeln,
98 s/w-Abbildungen, kartoniert. ●

Pfeiferauchen leicht gemacht
Die richtige Art, Tabak zu genießen
(**1026**-5) Von O. Pollner, 112 S., 125 Farbfotos, 5 zweifarbige-Abb., kart. ●●

Umweltschutz
Das Öko-Testbuch zur Eigeninitiative
(**4160**-8) Von M. Häfner, 352 S., 411 Farbfotos, 152 Farbzeichnungen, Pappband.
●●●●

Münzen
Ein Brevier für Sammler.
(**0353**-6) Von E. Dehnke, 128 S., 4 Farbtafeln,
17 s/w-Abb., kart. ●●

Astronomie im Bild
Unser Sternenhimmel rund ums Jahr
(**0849**-X) Von Dr. E. Übelacker, 88 S., 48
Farbfotos, 1 s/w-Foto, 68 Farbzeichn, kart. ●●

Astronomie als Hobby
Sternbilder und Planeten erkennen und
benennen.
(**0572**-5) Von D. Block, 176 S., 16 Farbtafeln,
49 s/w-Fotos, 93 Zeichnungen, kart. ●●

Die Handschrift als Spiegel des Charakters
Graphologie
(**1025**-7) Von Dr. W. Busch, 104 S.,
87 Schriftproben, kartoniert. ●

Familienforschung · Ahnentafel ·
Wappenkunde
Wege zur eigenen Familienchronik
(**0744**-2) Von P. Bahn, 128 S., 8 Farbtafeln.
30 Abbildungen, kart. ●●

Familienforschung und Wappenkunde
(**4485**-2) Von P. Bahn, 224 S., 114
zweifarbige Abbildungen, Pappband. ●●●●

Wie Sie im Schlaf das Leben meistern
Schöpferisch träumen
Der Klartraum als Lebenshilfe
(**4258**-2) Von Prof. D. P. Tholey, K. Utecht.
280 S., 1 s/w-Foto, 20 Zeichn., Pappband.
●●●

Traumdeutung
Die Bildersprache unserer Traumwelt
entschlüsseln
(**4486**-0) Von G. Fink, 384 S., 74 zweifarbige
Fotos, Pappband. ●●●●

Wahrsagen mit Tarot-Karten
(**0482**-6) Von E. J. Nigg, 112 S., 52 s/w-Abb.,
Pappband. ●

Die 12 Tierzeichen
Chinesisches Horoskop
(**0423**-0) Von G. Haddenbach, 88 S., kartoniert. ●

Die 12 Sternzeichen
Charakter, Liebe und Schicksal.
(**0385**-4) Von G. Haddenbach, 136 S., kart. ●●

Partnerschaftshoroskop
Glück und Harmonie mit Ihrem Traumpartner.
(**0587**-3) Von G. Haddenbach, 112 S.,
11 Zeichnungen, kart. ●

Im Zeichen der Sterne
(**0951**-8) Der feurige Widder
(**0952**-6) Der willensstarke Stier
(**0953**-4) Die vielseitigen Zwillinge
(**0954**-2) Der feinfühlige Krebs
(**0955**-0) Der königliche Löwe
(**0956**-9) Die zuverlässige Jungfrau
(**0957**-7) Die charmante Waage
(**0958**-5) Der leidenschaftliche Skorpion
(**0959**-3) Der temperamentvolle Schütze
(**0960**-7) Der treue Steinbock
(**0961**-5) Der selbstbewußte Wassermann
(**0962**-3) Die romantischen Fische
Von G. Haddenbach, 64 S., 35 Farbfotos,
Pappband. ●

Humor und Unterhaltung

Heitere Vorträge
(**0528**-8) Von E. Müller, 128 S., 14 Zeichnungen, kart. ●

So feiert man Feste fröhlicher
Heitere Vorträge und Gedichte
(**0098**-7) Von Dr. Allos, 96 S., 15 Abb., kart. ●

Heitere Vorträge und witzige Reden
Lachen, Witz und gute Laune
(**0149**-5) Von E. Müller, 104 S., 44 Abb., kart. ●

Da lacht das Publikum
Neue lustige Vorträge für viele Gelegenheiten.
(**0716**-7) Von H. Schmalenbach, 96 S., kart. ●

Gereimte Vorträge
für Bühne und Bütt.
(**0567**-9) Von G. Wagner, 96 S., kart. ●

Narren in der Bütt
Leckerbissen aus dem rheinischen Karneval.
(**0216**-5) Zusammengestellt von T. Lücker, 112 S., kart. ●

Damen in der Bütt
Scherze, Büttenreden, Sketche
(**0354**-4) Von T. Müller, 136 S., kart. ●

Wir feiern Karneval
Festgestaltung und Reden für die närrische Zeit.
(**0904**-6) Von M. Zweigler, 120 S., 7 Zeichnungen, kart. ●

Helau und Alaaf 1 Närrisches aus der Bütt.
(**0304**-8) Von E. Müller, 112 S., 4 Zeichnungen, kart. ●

Helau und Alaaf 2
Neue Büttenreden für Sie und Ihn
(**0477**-X) Von E. Luft, 96 S., kart. ●

Helau und Alaaf 3
Neue Reden für die Bütt.
(**0832**-5) Von H. Fauser, 112 S., 13 Zeichnungen, kart. ●

Helau und Alaaf 4
Neue Büttenreden für Sie und Ihn
(**0983**-6) Hrsg. H. Fauser, 96 S., 15 s/w-Zeichn., zahlreiche Vignetten, kart. ●

Sketche und Blackouts zum Nachspielen
(**0941**-0) Von E. Cohrs, 112 S., 12 Zeichnungen, kart. ●

Vorhang auf!
Neue Sketche für jung und alt.
(**0898**-8) Von H. Pillau, 96 S., 22 Zeichnungen, kart. ●

Witzige Sketche zum Nachspielen
(**0511**-3) Von D. Hallervorden, 112 S., kart. ●●

Tolle Sketche
mit zündenden Pointen – zum Nachspielen.
(**0656**-X) Von E. Cohrs, 112 S., kart. ●

Vergnügliche Sketche
(**0476**-1) Von H. Pillau, 96 S., 7 Zeichn., kart. ●

Lustige Sketche
Kurze Theaterstücke für Jungen und Mädchen
(**0669**-1) Von U. Lietz, U. Lange, 96 S., kart. ●

Spielbare Witze für Kinder
(**0824**-4) Von H. Schmalenbach, 112 S., 30 Zeichnungen, kart. ●

Die besten Beamtenwitze
(**0574**-1) Von W. Pröve, 80 S., 39 Zeichnungen, kart. ●

Witzig, witzig
(**0507**-5) Von E. Müller, 128 S., 16 Zeichnungen kart. ●

Die besten Kinderwitze
(**0757**-4) Von K. Rank, 112 S., 28 Zeichnungen, kart. ●

Lach mit!
Witze für Kinder, gesammelt von Kindern.
(**0468**-0) Von W. Pröve, 96 S., 17 Zeichnungen, kart. ●

Spiele und Denksport

Neues Buch der siebzehn und vier Kartenspiele
(**0095**-2) Von K. Lichtwitz, 96 S., kart. ●

Alles über Pokern
Regeln und Tricks.
(**2024**-4) Von C. D. Grupp, 112 S., 29 Kartenbilder, kart. ●

Romme' und Canasta
in allen Variationen.
(**2025**-2) Von C. D. Grupp, 88 S., 24 Zeichnungen, kart. ●

Doppelkopf, Schafkopf, Binokel, Cego, Tarock und andere Stammtischspiele.
(**2015**-5) Von C. D. Grupp, 112 S., kart. ●

Black Jack
Regeln und Strategien des Kasinospiels.
(**2032**-3) Von K. Kelbratowski, 88 S., kart. ●

Spielend Skat lernen
unter freundlicher Mitarbeit des Deutschen Skatverbandes.
(**2005**-8) Von Th. Krüger, 120 S., 181 s/w-Fotos, 22 Zeichn., kart. ●

Patiencen
in Wort und Bild. (**2003**-1) Von I. Wolter-Rosendorf, 120 S., kart. ●

Neue Patiencen
(**2036**-8) Von H. Sosna, 160 S., 43 Farbtafeln, kart. ●●

Falken-Handbuch Bridge
Von den Grundregeln zum Turnierspiel.
(**4092**-X) Von W. Voigt und K. Ritz, 280 S., 792 Zeichnungen, gebunden. ●●●●

Spielend Bridge lernen
(**2012**-0) Von J. Weiss, 96 S., 58 Zeichnungen, kart. ●

Präzisions-Treff im Bridge
(**2037**-6) Von E. Jannersten, 152 S. kart. ●●

Spieltechnik im Bridge
(**2004**-X) Von V. Mollo und N. Gardener, deutsche Adaption von D. Schröder, 152 S., kart. ●●●

Neue Kartentricks
(**2027**-9) Von K. Pankow, 104 S., 20 Abb., kart. ●

Das japanische Brettspiel Go
(**2020**-1) Von W. Dörholt, 104 S., 182 Diagramme, kart. ●●

Mah-Jongg
Das chinesische Glücks-, Kombinations- und Gesellschaftsspiel. (**2030**-9) Von U. Eschenbach, 80 S., 30 s/w-Fotos, 5 Zeichn., kart. ●

Backgammon
für Anfänger und Könner. (**2008**-2) Von G. W. Fink und G. Fuchs, 104 S., 41 Abb., kart. ●

Das Backgammon-Handbuch
(**4422**-4) Von E. Heyken, M. B. Fischer, 232 S., 400 Abbildungen, Pappband. ●●●●

Würfelspiele
für jung und alt. (**2007**-4) Von F. Pruss, 112 S., 21 s/w-Zeichnungen, kart. ●

Roulette richig gespielt
Systemspiele, die Vermögen brachten.
(**0121**-5) Von M. Jung, 96 S., zahlreiche Tabellen, kart. ●

Spiele für Party und Familie
(**2014**-7) Von Rudi Carrell, 80 S., 22 Zeichnungen, kart. ●

Neue Spiele für Ihre Party
(**2022**-8) Von G. Blechner, 120 S., 54 Zeichnungen, kartoniert. ●

Lustige Tanzspiele und Scherztänze
für Partys und Feste.
(**0165**-7) Von E. Bäulke, 80 S., 53 Abb., kart. ●

Das Spiel mit der Schwerkraft Jonglieren
Mit Bällen, Keulen, Ringen und Diabolo.
(**1009**-5) Von S. Peter, 80 S., 149 Farbfotos, kartoniert. ●●

Magische Zaubereien
(**0672**-1) Von W. Widenmann, 64 S., 31 Zeichnungen, kart. ●

Zaubern
einfach – aber verblüffend.
(**2018**-X) Von D. Bouch, 84 S., 41 Zeichnungen, kart. ●

Scherzfragen, Drudel und Blödeleien
gesammelt von Kindern.
(**0506**-7) Hrsg. von W. Pröve, 80 S., 57 Zeichnungen, kart. ●

Kinderspiele
die Spaß machen.
(**2009**-0) Von H. Müller-Stein, 104 S., 28 Abb., kart. ●

Kinderspiele mit Buchstaben und Wörtern
(**1041**-9) Von Dr. U. Vohland, 96 S., 53 Zeichnungen, kartoniert. ●

Spiel und Spaß am Krankenbett
für Kinder und die ganze Familie.
(**2035**-X) Von H. Bücken, 96 S., 97 Zeichnungen, kart. ●

Spiele im Freien
(**2038**-4) Von G. Wagner, 88 S., 20 zweif. Zeichnungen, kartoniert. ●

Spiel und Spaß zu Hause
(**2039**-2) Von U. Geißler, 80 S., 90 zweifarbige Abbildungen, kart. ●

Spiel und Spaß auf Reisen
Für Kinder und die ganze Familie
(**1085**-0) Von U. Geißler, 80 S., 107 zweifarbige Zeichnungen, kart. ●

Guten Tag, Kinder!
Neue Texte mit Spielanleitungen fürs Kasperletheater. (**0861**-9) Von U. Lietz, 96 S., 18 s/w-Zeichnungen, kart. ●

Kasperletheater
Spieltexte und Spielanleitungen · Basteltips für Theater und Puppen.
(**0641**-1) Von U. Lietz, 114 S., 4 Farbtafeln, 12 s/w-Fotos, 39 Zeichnungen, kart. ●

Kindergeburtstage, die keiner vergißt
Planung, Gestaltung, Spielvorschläge.
(**0698**-5) Von G. und G. Zimmermann, 104 S., 80 Vignetten, kart. ●

Kindergeburtstag
Vorbereitung, Spiele und Spaß.
(**0287**-4) Von Dr. I. Obrig, 136 S., 40 Abb., 11 Zeichnungen, 9 Liege mit Noten, kart. ●

Unvergeßliche Kinderfeste
Tolle Dekorationen, Spiele, Sketche für drinnen und draußen
(**4457**-7) Von Dr. G. Hennekemper, 192 S., 111 Farbfotos, 214 Farb- und 14 s/w-Zeichnungen, 4 Seiten Schnittmuster, Pappband. ●●●

Knobeleien und Denksport
(**2019**-8) Von K. Rechberger, 142 S., 105 Zeichnungen, kart. ●

Das Super-Kreuzwort-Rätsel-Lexikon
Über 150.000 Begriffe.
(**4279**-5) Von H. Schiefelbein, 688 S., Pappband. ●●

Computerbücher und Software

FALKEN Computer Lexikon
(**4185**-3) 312 S., 173 s/w-Fotos, Pappband.
●●●
Computer-Grundwissen
Eine Einführung in Funktion und Einsatzmöglichkeiten. (**4359**-7) Von Chr. T. Wolff, 176 S., 193 Farb- und 12 s/w-Fotos, 37 Computergrafiken, kartoniert. ●●● (**4358**-9) Pappband. ●●●●
Daten-Fernübertragung
Vom Akustikkoppler bis zum lokalen Netzwerk
(**4325**-2) Von P. C. den Heijer, R. Tolsma, 272 S., zahlreiche Abb., kartoniert. ●●●●●
Microsoft Excel
Tabellenkalkulationen, Geschäftsgrafik und Datenbank im Selbststudium für alle Versionen bis 2.1. Mit Tutor-Diskette.
(**4333**-3) Von P. Vogel, M. Hofmann, 176 S., 112 zweifarbige Abb., kartoniert. ●●●●
Desktop Publishing: Typografie und Layout
Seiten gestalten am PC · für Einsteiger und Profis
(**4330**-9) Von Dr. H. D. Baumann, M. Klein, 320 S., zahlreiche zweifarbige Abb., Pappband. ●●●●●
Einführung in Pascal
Garantiert Pascal lernen durch schrittweise Erarbeitung
(**4329**-5) Von R. Röder, 270 S., durchgehend zweifarbig, kartoniert. ●●●●●
Einführung in C
(**4336**-8) Von A. Janka, P. Welzig, 270 S., zahlreiche Abbildungen, mit Begleitdiskette 5 1/4", Pappband. ●●●●●
PC HELP!
CONFIG.SYS und AUTOEXEC. BAT
Optimale Systemkonfiguration
(**4338**-4) Von A. Görgens, 64 S., ca. 50 s/w-Abbildungen und Grafiken, kartoniert. ●●
PC HELP!
DOS-Kommandos richtig nutzen
(**4339**-2) Von A. Görgens, 64 S., ca. 50 s/w-Abbildungen und Grafiken, kartoniert. ●●
PC HELP!
Dateien retten mit Norton Utilities und PC-Tools
(**4340**-1) Von A. Görgens, 64 S., ca. 50 s/w-Abbildungen und Grafiken, kartoniert. ●●
PC HELP!
Batch-Dateien – DOS-Abläufe selber festlegen
(**4341**-4) Von A. Görgens, 64 S., ca. 50 s/w-Abbildungen und Grafiken, kartoniert. ●●
PC HELP!
Word – Serienbriefe
(**4342**-2) Von P. Vogel, 64 S., ca. 50 s/w-Abbildungen und Grafiken, kartoniert. ●●
PC HELP!
Geschäftsgrafiken mit Lotus 1-2-3
(**4343**-0) Von P. Vogel, 64 S., ca. 50 s/w-Abbildungen und Grafiken, kartoniert. ●●
PC HELP!
Die ersten Schritte mit dem PC
(**4344**-9) Von P. Vogel, H. Ebsen, 64 S., ca. 50 s/w-Abbildungen und Grafiken, kart. ●●
PC HELP!
Mehr Speicher unter DOS nutzen
(**4345**-7) Von K. O. Kuhl, 64 S., ca. 50 s/w-Abbildungen und Grafiken, kartoniert. ●●
PC HELP!
Viren erkennen und beseitigen
(**4346**-5) Von M. Hofmann, 64 S., ca. 50 s/w-Abbildungen und Grafiken, kartoniert. ●●

PC HELP!
dBASE-Relationen richtig nutzen
(**4347**-3) Von M. Hofmann, 64 S., ca. 50 s/w-Abbildungen und Grafiken, kartoniert. ●●
PC HELP!
Termine steuern mit FRAMEWORK III
(**4348**-1) Von M. Hofmann, 64 S., ca. 50 s/w-Abbildungen und Grafiken, kartoniert. ●●
PC HELP!
Listendruck mit dBASE und kompatiblen Programmen
(**4349**-X) Von M. Hofmann, 64 S., ca. 50 s/w-Abbildungen und Grafiken, kartoniert. ●●
FALKEN Software
Einstellungstets
Die optimale Vorbereitung für Bewerber
(**7013**-6) Wendediskette für C 64/C 128 PC, mit Begleitheft. ●●●●*
FALKEN Software
Schnell und sicher zum Führerschein
Intensivtraining mit dem amtlichen Fragenkatalog
(**7024**-1) für Atari ST 520/1040, mit Begleitheft. ●●●●●*
(**7029**-2) f. Amiga, mit Begleitheft. ●●●●●*
FALKEN Software
Maschinenschreiben und Tastaturtraining für Computer
(**7009**-8) Von B. Hoppius, Diskette 5 1/4" u. 3 1/2" für IBM PC + Kompatible, mit Begleitheft. ●●●●●*
FALKEN Software
Musterkorrespondenz in Deutsch, Englisch, Französisch, Italienisch, Spanisch
(**7041**-1) Diskette 5 1/4" für IBM-PC + Kompatible, mit Begleitbroschüre. ●●●●*
(**7051**-9) Diskette 3 1/2" für IBM-PC + Kompatible, mit Begleitbroschüre. ●●●●*
FALKEN Software
TEXAD
Text- und Adressenverwaltung
Mit Musterbriefen und Formularen für den privaten und geschäftlichen Bereich
(**7017**-9) für IBM-PC + Kompatible, Disk, 5 1/4", mit Begleitheft. ●●●●●*
(**7048**-9) Diskette 3 1/2", mit Handbuch. ●●●●●*
(**7049**-7) Demo-Version 5 1/4", ohne Handbuch. ●●*
(**7050**-0) Demo-Version 3 1/2", ohne Handbuch. ●●*
FALKEN Software
DOS-Tutor
DOS lernen, üben und beherrschen
(**7020**-9) Diskette 5 1/4" für IBM PC + Kompatible, mit Begleitheft. ●●●●●*
(**7021**-7) Diskette 3 1/2" für IBM PC + Kompatible, mit Begleitheft. ●●●●●*
FALKEN Software
Wirtschaftsrechnen in Beruf und Alltag.
(**7037**-3) Diskette für IBM PC + Kompatible, mit Begleitheft. ●●●●*
FALKEN Software
Vokabeltrainer Englisch
Über 2000 Vokabeln und Redewendungen
(**7001**-3) Disk. für C 64/C 128 PC, mit Begleitheft ●●●●●*
(**7007**-1) Disk. für Atari ST 520/1040, mit Begleitheft. ●●●●*
FALKEN Software
Take a Trip to Britain
Spielend Englisch lernen mit dem Computer
(**7004**-7) Diskette für C 64/C 128 PC, mit Begleitheft. ●●●●●*
(**7039**-X) Diskette 5 1/4" für IBM-PC + Kompatible, mit Begleitheft. ●●●●●*
FALKEN Software
The Grammar Master
(**7002**-0) Diskette für C 64/C 128 PC, mit Begleitheft. ●●●●*

(**7030**-6) für IBM PC + Kompatible, mit Begleitheft. ●●●●*
(**7031**-4) für Atari ST 520/1040, mit Begleitheft. ●●●●*
(**7032**-2) für Amiga, mit Begleitheft. ●●●●●*
FALKEN Software
From Coast to Coast
Travelling through the USA
(**7040**-3) Diskette 5 1/4" für IBM-PC + Kompatible, mit Begleitheft. ●●●●●*
(**7061**-6) Diskette 3 1/2" für IBM-PC + Kompatible, mit Begleitbroschüre. ●●●●●*
FALKEN Software
Vokabeltrainer Französisch
Über 2000 Vokabeln und Redewendungen frei erweiterbar.
(**7018**-7) Systemdisk. + Wendedisk. für C 64/C 128 PC, mit Begleitheft. (**7019**-5) Disk. für IBM-PC + Kompatible, mit Begleitheft. ●●●●●*
FALKEN Software
Je finis, tu finis ... maîtrisez la grammaire française
Französische Grammatik lernen und beherrschen
(**7053**-5) Diskette 5 1/4" für IBM-PC + Kompatible, mit Begleitbroschüre. ●●●●●*
(**7069**-1) Diskette 3 1/2" für IBM-PC + Kompatible, mit Begleitbroschüre. ●●●●●*
FALKEN Software
Le monde des affaires en français
Wirtschaftsfranzösisch leicht gelernt
(**7054**-3) Diskette 5 1/4" für IBM-PC + Kompatible, mit Begleitbroschüre. ●●●●●*
(**7068**-3) Diskette 3 1/2" für IBM-PC + Kompatible, mit Begleitbroschüre. ●●●●●*
FALKEN Software
Vokabeltrainer Italienisch
Über 2000 Vokabeln und Redewendungen frei erweiterbar.
(**7065**-9) Diskette 5 1/4" für IBM-PC + Kompatible, mit Begleitbroschüre. ●●●●●*
(**7064**-0) Diskette 3 1/2" für IBM-PC + Kompatible, mit Begleitbroschüre. ●●●●●*
FALKEN Software
Vokabeltrainer Latein
Über 2000 Vokabeln und Redewendungen frei erweiterbar.
(**7022**-5) Von B. Hoppius, 2 Wendedisketten für C 64/C 128 PC, mit Begleitheft.
(**7033**-0) Diskette für IBM-PC + Kompatible, mit Begleitheft. ●●●●●*
FALKEN Software
Börsenfieber
Spielend spekulieren mit Geld und Aktien
(**7016**-0) für IBM PC + Kompatible, Diskette 5 1/4", mit Begleitheft. ●●●●●*
(**7026**-8) für C 64/C 128 PC mit Begleitheft, (**7027**-6) für Atari ST 520/1040, mit Begleitheft, ●●●●●*
(**7028**-4) für Amiga, mit Begleitheft. ●●●●●*
(**7044**-6) für IBM PC + Kompatible, Diskette 3 1/2", mit Begleitheft. ●●●●●*
(**7038**-1) für C 64/128 C Kassette, mit Begleitheft. ●●●●*
FALKEN Software
Börsenfieber
Über 100 neue Ereignisse
(**7066**-7) Diskette 5 1/4" für IBM-PC + Kompatible, mit Begleitbroschüre. ●●●*
(**7067**-5) Diskette 3 1/2" für IBM-PC + Kompatible, mit Begleitbroschüre. ●●●*
FALKEN Software
Broker King
Cash und crash an der Terminbörse
(**7057**-8) Diskette 5 1/4" für IBM-PC + Kompatible, mit Begleitbroschüre. ●●●●●*
(**7058**-6) Diskette 3 1/2" für IBM-PC + Kompatible, mit Begleitbroschüre. ●●●●●*

Video

Hobby Aquarellmalen
Landschaft und Stilleben
(**6022**-X) VHS, 40 Min., in Farbe, mit Begleitheft. ●●●● *

Hobby Ölmalerei
Landschaft und Stilleben
(**6025**-4) VHS, 40 Min., in Farbe, mit Begleitheft. ●●●● *

Basteln mit Kindern
(**6041**-6) VHS, 60 Min., in Farbe, mit Vorlagen in Originalgröße, mit Begleitheft. ●●● *

Die Modelleisenbahn
Anlagenbau in Modultechnik
(**6028**-9) VHS, 30 Min., in Farbe. ●●●● *

Fit und Gesund
Körpertraining und Bodybuilding zu Hause
(**6013**-0) VHS, 30 Min., in Farbe, mit Begleitheft. ●●●● *

Golf
(**6053**-X) VHS, 60 Min., in Farbe, mit Begleitheft. ●●●●● *

Pflanzenjournal
Blumen- und Pflanzenpflege im Jahreslauf
(**6036**-X) VHS, 30 Min., mit Begleitheft.
●●●● *

Schnitt und Pflege von Bäumen und Sträuchern
(**6050**-5) VHS, 45 Min., in Farbe, mit Begleitheft. ●●●● *

Aktfotografie
Gestaltung/Technik/Spezialeffekte
Interpretationen zu einem unerschöpflichen Thema

(**6001**-7) VHS, 60 Min., in Farbe, mit Begleitheft. ●●●●● *

Videografieren
Technik/Bildgestaltung/Schnitt/Vertonung,
Filmen mit Video 8
(**6031**-9) VHS,
60 Min., in Farbe, mit Begleitheft. ●●●●● *

Videografieren perfekt
Profitricks für Aufnahmetechnik und Nachbearbeitung
(**6042**-4) VHS, (**6043**-2) Beta, (**6044**-4) Video 8, 60 Min., in Farbe, mit Begleitheft. ●●●●● *

Streicheleinheiten für Körper und Seele
Partnermassage
(**6051**-3) VHS, 45 Min., in Farbe, mit Begleitheft. ●●●●● *

Reiseziel New York
Die schönsten Sehenswürdigkeiten, präzise Informationen, praktische Tips
(**6048**-3) VHS, 60 Min., in Farbe, mit Begleitheft. ●●●●● *

Reiseziel Kalifornien
San Franzisko und die schönsten Ziele in Kalifornien.
Präzise Informationen und praktische Tips
(**6049**-1) VHS, 60 Min., in Farbe, mit Begleitbroschüre. ●●●●● *

Reiseziel Florida
(**6054**-8) VHS, 60 Min., in Farbe, mit Begleitheft. ●●●●● *

Reiseziel Hawaii
Das Paradies im Stillen Ozean
(**6063**-7) VHS, ca. 60 Min., in Farbe, Timecode, Kompaktreiseführer mit Panoramakarte im Taschenformat. ●●●●● *

Info-Tour USA
Die Highlights aus dem
FALKEN Reiseprogramm
(**6060**-2) VHS, 30 Min., in Farbe, mit Begleitheft. ● *

Reiseziel USA
(**6055**-6) VHS, 60 Min., in Farbe, mit Begleitheft. ●●●●● *

Reiseziel Irland
(**6059**-9) VHS, 60 Min., in Farbe, mit Begleitheft. ●●●●● *

Reiseziel Norwegen
Rundreise zu den schönsten Fjorden, präzise Informationen, praktische Tips.
(**6058**-0) VHS, ca. 60 Min., in Farbe, Timecode, Kompaktreiseführer mit Panoramakarte im Taschenformat. ●●●●● *

Reiseziel Kanarische Inseln
Schöne Strände, interessante Exkursionen
(**6064**-5) VHS, ca. 60 Min., in Farbe, Timecode, Kompaktreiseführer mit Panoramakarte im Taschenformat. ●●●●● *

Reiseziel Thailand
(**6065**-3) VHS, ca. 60 Min., in Farbe, Timecode, Kompaktreiseführer mit Panoramakarte im Taschenformat. ●●●●● *

Reiseziel Berlin
Kultur, Shopping, Erlebnis
(**6067**-X) VHS, ca. 60 Min., in Farbe, Timecode, Kompaktreiseführer mit Panoramakarte im Taschenformat. ●●●●● *

Körpersprache
verstehen und deuten
(**6046**-7) VHS, 60 Min., in Farbe, mit Begleitheft. ●●●●● *

Das erfolgreiche Vorstellungsgespräch
(**6047**-5) VHS, 60 Min., in Farbe, mit Begleitheft. ●●●●● *

Bestellschein

Erfüllungsort und Gerichtsstand für Vollkaufleute ist der jeweilige Sitz der Lieferfirma. Für alle übrigen Kunden gilt dieser Gerichtsstand für das Mahnverfahren. Falls durch besondere Umstände Preisänderungen notwendig werden, erfolgt Auftragserledigung zu dem bei der Lieferung gültigen Preis.

Ich bestelle hiermit aus dem Falken-Verlag GmbH, Postfach 11 20, D-6272 Niedernhausen/Ts., durch die Buchhandlung:

Ex.

Ex.

Ex.

Ex.

Name: Datum:

Straße:

Ort: Unterschrift:

Die hier vorgestellten Bücher, Videokassetten und Software sind in folgende Preisgruppen unterteilt:

● Preisgruppe bis   DM 10,–/S 79,–/SFr 10,–   ●●● Preisgruppe über DM 20,– bis DM 30,–   ●●●● Preisgruppe über DM 30,– bis DM 50,–
●● Preisgruppe über DM 10,– bis DM 20,–   S 161,– bis S 240,–   S 241,– bis S 400,–
      S 80,– bis S 160,–   SFr 20,– bis SFr 29,–   SFr 29,– bis SFr 48,–
      SFr 10,– bis SFr 20,–   ●●●●● Preisgruppe über DM 50,–/S 401,–/SFr 48,–   *(unverbindliche Preisempfehlung)
Die Preise entsprechen dem Status beim Druck dieses Verzeichnisses (s. Seite 1) – Änderungen, im besonderen der Preise, vorbehalten –

Falken-Verlag GmbH · Postfach 1120      D-6272 Niedernhausen/Ts. · Tel.: 0 61 27/70 20

16